養育費・扶養料・婚姻費用
実務処理マニュアル

編著　冨永 忠祐（弁護士）

新日本法規

はしがき

　離婚しても親と子の関係は変わらない。親には扶養義務があるので、離婚後も、親は養育費を支払う。単純明快な理屈である。

　しかし、その具体的内容は複雑怪奇である。適正な養育費はいくらなのか。子の年齢によって金額が違うのか。いつまでもらえるのか。住宅ローンを抱えている親は、その分養育費を減らしてもよいのか。再婚したらもらえなくなるのか。子の学費や病院代は、養育費とは別にもらえるのか。養育費が支払われないときは、どうしたらよいのか。こうした様々な問題が噴出する。

　婚姻費用も同じである。別居しても夫婦だから、夫には妻の扶養義務がある。したがって、別居後も夫は婚姻費用を支払う。これも単純明快な理屈である。しかし、その具体的内容は、養育費と同様に複雑怪奇である。

　そこで、養育費と婚姻費用の算定を容易にする目的で、養育費・婚姻費用算定表（以下「算定表」という。）が2003年（平成15年）に公表された。これは、夫と妻の年収を基に簡易迅速に計算できるので、大いに利用され、実務に定着した。しかし、算定表だけでは解決できない問題や、算定表を単純に適用すると不当な結論になるケースもあるため、これらを克服することが課題になっている。

　本書は、このような実情を踏まえて、実務家を対象にして、養育費等をめぐる諸問題について総合的に解説したものである。すなわち、権利者・義務者の判断、養育費・扶養料・婚姻費用の算定、請求手続、合意、履行の確保、増減請求、税金などについて網羅的に説明したほか、養育費等について法律相談を受けるに当たっての留意点や、日本弁護士連合会が2016年（平成28年）11月に公表した新たな算定方式についても解説を加えた。執筆者は、いずれもこの分野に精通し、日頃から実務に携わっている弁護士と税理士から構成されている。

　養育費等をめぐる争いは、少子化の社会情勢を反映してか、激化する傾向にあるので、対策が急務である。そのため、例えば、民事執行手続の実効化などが議論されている。他方で、もし成人年齢の引下げが実現すれば、養育費等にも一定の影響を及ぼすであろう。このような状況下で、本書は、現在における実務の到達点を示したものである。本書が実務の参考に供され、養育費等をめぐる紛争解決の一助となれば、望外の幸せである。

末筆ながら、日頃の実務で多忙を極める中で本書の執筆に精力的に取り組んでいただいた執筆者の方々、そして企画の段階から発刊に至るまで、すべてにわたって熱心にご尽力いただいた新日本法規出版のご担当者に対して心より御礼申し上げたい。

　平成30年4月

弁護士　冨　永　忠　祐

編集・執筆者一覧

≪編 集 者≫

冨 永 忠 祐（弁護士）

≪執 筆 者≫（五十音順）

青 柳 恵 美（弁護士）

皆　　真 希（弁護士）

伊 庭　　潔（弁護士）

香 川 美 里（弁護士）

設 楽 勇 二（税理士）

髙 橋 未 紗（弁護士）

冨 永 忠 祐（弁護士）

濵 田 憲 孝（弁護士）

日 原 聡一郎（弁護士）

吉 森 大 輔（弁護士）

凡　　例

<本書の内容>

　本書は、離婚事件等における「養育費・扶養料・婚姻費用」をめぐる紛争の処理方法を分かりやすく解説したものです。各項目の冒頭で業務の流れをフローチャートで図示した上で、業務遂行上の留意事項をコンパクトにまとめ、さらに関係する書式を紹介することにより、一通りの実務処理ができるように編集しています。

<本書の体系>

　本書は、次の8章により構成し、末尾に附録を掲載しています。

　第1章　相談・受任

　第2章　権利者・義務者の判断

　第3章　養育費等・婚姻費用の算定

　第4章　養育費・扶養料、婚姻費用の請求手続

　第5章　養育費・扶養料、婚姻費用の合意

　第6章　養育費等・婚姻費用の履行確保

　第7章　事情変更と養育費等の変更

　第8章　養育費等・婚姻費用と税金

　附　　録

<表記の統一>

1　法　令

　根拠となる法令の略記例及び略語は次のとおりです。

　　家事事件手続法第157条第1項第2号＝家事157①二

家事	家事事件手続法	破産	破産法
家事規	家事事件手続規則	弁護士	弁護士法
所税	所得税法	民	民法
所税令	所得税法施行令	民執	民事執行法
人訴	人事訴訟法	民執令	民事執行法施行令
相税	相続税法	民執規	民事執行規則
租特	租税特別措置法	民訴費	民事訴訟費用等に関する法律
地税	地方税法	民保	民事保全法

2 判　例

根拠となる判例の略記例及び出典の略称は次のとおりです。

大阪高等裁判所平成28年3月17日決定、判例タイムズ1433号126頁
　＝大阪高決平28・3・17判タ1433・126

判時	判例時報	高民	高等裁判所民事判例集
判タ	判例タイムズ	税資	税務訴訟資料
家月	家庭裁判月報	民集	最高裁判所民事判例集
金法	金融法務事情		

目　次

第1章　相談・受任

ページ

<フローチャート〜相談・受任>……………………………………………… *3*

1　法律相談の予約　*5*
　(1)　相談内容の把握　*5*
　(2)　緊急性の有無の確認　*6*
　(3)　相談日時・場所・法律相談料の告知　*7*
　(4)　関係資料持参の指示　*7*

2　法律相談の実施　*8*
　(1)　相談に当たっての注意点の確認　*8*
　(2)　子の有無・人数・年齢・監護者の確認　*9*
　(3)　離婚事件の現況の確認　*9*
　(4)　収入金額の確認　*9*
　(5)　未払の養育費・婚姻費用の履行状況の確認　*9*

3　手続・費用の説明　*10*
　(1)　権利者に対する手続の説明　*10*
　(2)　義務者に対する手続の説明　*11*
　(3)　弁護士費用の説明　*12*

4　事件の受任手続　*12*
　(1)　委任契約書の作成　*13*
　(2)　日本司法支援センター（法テラス）への持込み　*13*
　　【参考書式1】　法律相談時確認事項チェックシート　*14*

第2章　権利者・義務者の判断

<フローチャート〜権利者・義務者の判断>……………………………… *19*

1　権利者　*22*
　(1)　養育費請求　*22*
　(2)　婚姻費用分担請求　*23*
　(3)　扶養料請求　*25*

②　義務者　*26*
　　(1)　扶養義務者　*26*
　　(2)　扶養義務の程度　*27*
　　(3)　養子縁組をした場合　*27*

第3章　養育費等・婚姻費用の算定

第1　総収入・基礎収入の算定
　　＜フローチャート～総収入・基礎収入の算定＞………………………… *31*
　①　会社員の収入の調査・判断・算定　*32*
　　(1)　会社員の収入の調査　*32*
　　(2)　会社員の収入の判断　*32*
　　(3)　会社員の基礎収入の算定　*33*
　②　自営業者の収入の調査・判断・算定　*34*
　　(1)　自営業者の収入の調査　*35*
　　(2)　自営業者の収入の判断　*35*
　　(3)　自営業者の基礎収入の算定　*36*
　③　給与収入と事業収入が両方ある場合　*37*
　④　無収入者の収入の判断・認定　*37*
　　(1)　無収入者等の収入の判断　*37*
　　(2)　無収入者等の収入の認定　*38*
　⑤　収入に関する資料がない場合等　*38*
　　(1)　収入に関する資料の調査　*39*
　　(2)　収入に関する資料がない場合等における収入の認定　*39*
　⑥　年金受給者の収入の調査・算定　*39*
　　(1)　年金受給者の収入の調査　*40*
　　(2)　年金受給者の基礎収入の算定　*40*
　　(3)　自営業者の年金の算定　*40*
　　(4)　給与所得者の年金の算定　*40*
　⑦　収入の認定における資産の取扱い　*41*
　⑧　収入の認定における債務の取扱い　*41*

第2　養育費・扶養料の算定

　　＜フローチャート〜養育費・扶養料の算定＞……………………………… *43*
　1　養育費・扶養料の意義・根拠・内容の確認　*44*
　　(1)　養育費・扶養料の意義の確認　*44*
　　(2)　養育費・扶養料の根拠の確認　*45*
　　(3)　養育費・扶養料の内容の確認　*45*
　2　養育費・扶養料負担の始期・終期の判断　*45*
　　(1)　始期の確認　*46*
　　(2)　終期の確認　*46*
　3　簡易算定表を用いた養育費・扶養料の算定　*47*
　　(1)　簡易算定表の使用方法の確認　*47*
　　(2)　会社員である場合の算定　*49*
　　(3)　自営業者である場合の算定　*49*
　　(4)　その他の場合の収入の算定　*50*
　4　簡易算定表では算定できない場合の養育費・扶養料の算定　*52*
　　(1)　養育費算定の基本的な枠組みと計算式の確認　*53*
　　(2)　私立学校の学費等がある場合の算定　*54*
　　(3)　他の被扶養者がいる場合の算定　*56*
　　(4)　離婚後に新しい家庭ができた場合の算定　*58*
　　(5)　標準額を超える収入がある場合の算定　*62*
　　(6)　住居費（住宅ローン）等がある場合の算定　*63*
　　(7)　権利者に有責性がある場合の算定　*66*
　　(8)　義務者も子を監護している場合の算定　*67*
　　(9)　無収入である場合の算定　*67*
　　(10)　子が4人以上いる場合の算定　*68*
　　(11)　過去の分の養育費等がある場合の算定　*69*
　参考　日本弁護士連合会提言の新しい算定方式による算定　*69*
　　【参考資料1】　源泉徴収票の見方　*74*
　　【参考資料2】　簡易算定表の使用例　*75*
　　【参考資料3】　確定申告書の見方　*76*

第3　婚姻費用の算定

　　＜フローチャート～婚姻費用の算定＞ *77*
　　1　婚姻費用の意義・根拠・内容及び始期・終期の確認　*78*
　　　（1）　婚姻費用の意義・根拠・内容の確認　*78*
　　　（2）　婚姻費用分担の始期・終期の確認　*79*
　　2　簡易算定表を用いた婚姻費用の算定　*82*
　　　（1）　婚姻費用の算定方法の確認　*82*
　　　（2）　簡易算定表の内容の確認　*83*
　　　（3）　簡易算定表の使用方法の確認　*84*
　　3　簡易算定表では算定できない場合の婚姻費用の算定　*85*
　　　（1）　簡易算定表では算定できない場合に当たるかの確認　*85*
　　　（2）　物理的に算定することができない場合の検討　*86*
　　　（3）　特別の事情がある場合の検討　*88*

第4章　養育費・扶養料、婚姻費用の請求手続

第1　養育費・扶養料の請求手続

　　＜フローチャート～養育費・扶養料の請求＞ *95*
　　1　養育費の支払方法の確認　*97*
　　　（1）　定期金支払の選択　*97*
　　　（2）　一括支払の選択　*97*
　　2　養育費の請求　*98*
　　　（1）　離婚時の請求　*98*
　　　（2）　離婚後の請求　*99*
　　3　扶養料の請求　*100*
　　　（1）　子（未成年子）からの扶養料請求　*100*
　　　（2）　扶養料の金額の算定　*101*
　　　（3）　子（成年子）からの扶養料請求の可否判断　*101*
　　4　過去の養育費（扶養料）の請求　*102*
　　　（1）　過去の養育費（扶養料）の請求の検討　*102*
　　　（2）　訴訟による過去の養育費（扶養料）の請求　*103*

(3)　離婚訴訟の附帯処分による過去の養育費の請求　*103*
　　(4)　調停・審判の申立てによる過去の養育費（扶養料）の請求　*104*
　　【参考書式2】　夫婦関係調整（離婚）調停申立書　*106*
　　【参考書式3】　子の監護に関する処分（養育費請求）調停申立書　*108*
　　【参考書式4】　扶養料請求調停申立書　*110*

第2　婚姻費用の請求手続
　＜フローチャート～婚姻費用の請求＞……………………………… *112*
　1　婚姻費用分担の請求方法の検討　*113*
　　(1)　婚姻費用分担の協議　*113*
　　(2)　婚姻費用分担の調停・審判の申立て　*113*
　　(3)　審判前の保全処分の検討　*115*
　2　過去の婚姻費用の請求　*116*
　　(1)　「過去」の意義と請求の可否判断　*116*
　　(2)　過去の婚姻費用のみを請求する通常民事訴訟の可否判断　*116*
　　(3)　過去の婚姻費用を求める附帯処分の可否判断　*117*
　　(4)　調停・審判の申立て　*117*
　　【参考書式5】　婚姻費用分担請求調停申立書　*118*

第5章　養育費・扶養料、婚姻費用の合意
　＜フローチャート～養育費・扶養料、婚姻費用の合意＞………… *123*
　1　養育費・扶養料支払の合意　*124*
　　(1)　養育費支払の合意　*124*
　　(2)　扶養料支払の合意　*126*
　2　婚姻費用支払の合意　*129*
　　【参考書式6】　子どもの養育に関する合意書〔法務省作成〕　*131*
　　【参考書式7】　養育費支払契約公正証書　*132*
　　【参考書式8】　扶養契約公正証書　*133*
　　【参考書式9】　婚姻費用分担に関する契約公正証書　*134*

第6章　養育費等・婚姻費用の履行確保

　　＜フローチャート～養育費等・婚姻費用の履行確保＞·················· *137*
　1　養育費等・婚姻費用の保全　*139*
　　(1)　支払の始期の明確化　*139*
　　(2)　支払確定までの仮払い等の検討　*139*
　2　養育費等・婚姻費用の履行確保　*141*
　　(1)　養育費等・婚姻費用の決め方と履行の確保　*142*
　　(2)　調停・審判等で決めた場合の特別の履行の確保　*144*
　　(3)　債務名義のある養育費等・婚姻費用の履行の確保　*147*
　　　【参考書式10】　審判前の保全処分申立書（婚姻費用仮払い）　*155*
　　　【参考書式11】　履行勧告申出書　*157*
　　　【参考書式12】　履行命令申立書　*158*
　　　【参考書式13】　間接強制申立書　*160*
　　　【参考書式14】　債権差押命令申立書（扶養義務等に係る定期金債権による差押え）　*162*

第7章　事情変更と養育費等の変更

　　＜フローチャート～事情変更と養育費等の変更＞························ *167*
　1　事情変更と養育費等増減額の可否の判断基準　*168*
　　(1)　養育費等増減額の可否　*168*
　　(2)　事情変更の時期・内容の確認　*168*
　　(3)　重要性を有するかの判断　*170*
　2　養育費等増減額の変更手続・請求手続　*172*
　　(1)　協　議　*173*
　　(2)　調停の申立て　*174*
　　(3)　調停の成立・不成立による審判の検討　*175*
　　　【参考書式15】　子の監護に関する処分（養育費減額請求）調停申立書　*177*
　　　【参考書式16】　事情説明書（養育費）〔養育費減額請求〕　*179*
　　　【参考書式17】　子の監護に関する処分（養育費増額請求）調停申立書　*180*
　　　【参考書式18】　事情説明書（養育費）〔養育費増額請求〕　*182*

第8章　養育費等・婚姻費用と税金

　＜フローチャート～養育費等・婚姻費用と税金＞……………………… *185*
　1　離婚時に受領する養育費等と税金の確認　*187*
　　(1)　養育費等の分類　*187*
　　(2)　分類した養育費等の課税関係の確認　*187*
　2　離婚後に受領する養育費等と税金の確認　*191*
　　(1)　離婚後に受領する養育費の課税関係の確認　*191*
　　(2)　離婚後の財産分与及び慰謝料の課税関係の確認　*193*
　3　増減があった場合の養育費と税金の確認　*196*
　　(1)　養育費の増額があった場合の対応　*196*
　　(2)　養育費の減額があった場合の対応　*197*
　4　扶養料と税金の確認　*197*
　　(1)　扶養料の意義について確認　*197*
　　(2)　扶養料の税務上の取扱いについて確認　*198*
　5　婚姻費用と税金の確認　*199*
　　(1)　婚姻費用の意義と税務上の取扱いについて確認　*199*
　　(2)　婚姻費用が課税される具体的なケースの確認　*200*

附　録

　養育費・婚姻費用算定表………………………………………………… *205*

第 1 章

相談・受任

第1章 相談・受任

＜フローチャート〜相談・受任＞

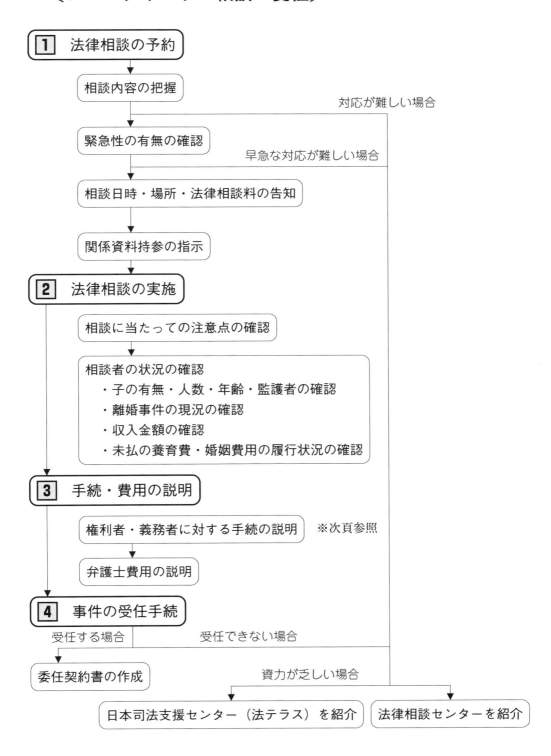

※ 3 の手続の詳細

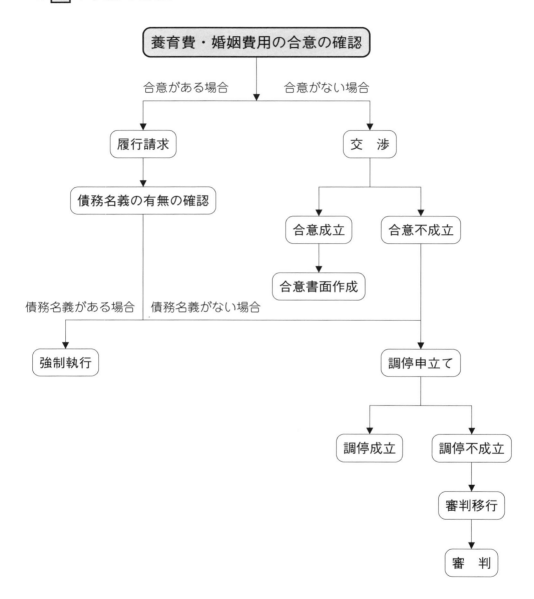

1 法律相談の予約

(1) 相談内容の把握
　相談予約時に相談内容の概略を把握し、相談を受けることができるか否か等を判断します。
(2) 緊急性の有無の確認
　緊急を要する事件は、スケジュールの関係で受任できない場合もありますので、相談予約時に緊急性の有無を確認します。
(3) 相談日時・場所・法律相談料の告知
　相談予約を受け付ける場合には、相談日時と場所を指定し、併せて法律相談料についても説明しておきます。
(4) 関係資料持参の指示
　相談予約の際に、相談日の当日に関係資料を持参するよう指示します。

(1) 相談内容の把握

　相談内容によっては、利益相反などの理由で相談を受けることができないもの（弁護士25等参照）や、相談者の要望が明らかに不当であるため受任することが適切でないもの（弁護士職務基本規程31参照）があります。また、相談日までに法令や判例等を調べて事前準備をしておく必要のあるものがあります。そこで、相談予約を受け付けるに当たり、相談内容の概略を聞き取ります。

　相談予約を受け付ける方法は、電話かメールによることが多いと思います。電話で相談予約を受け付ける場合、相談内容の聴取は必ずしも容易ではありません。相談内容の要点を簡潔に話せる相談者は少ないので、弁護士が会話をうまくリードして、限られた時間内で相談内容の概略を把握するように努めます。養育費・扶養料（以下ではまとめて「養育費」ということがあります。）や婚姻費用の相談では、夫婦間の紛争は現在どの段階（協議離婚の話合い中か、離婚調停中か、離婚裁判中か、離婚後か）にあるのか、相談者が子を監護しているのか否か、相談者の要求事項などについて相談者に質問し、これを相談者に答えてもらう質疑応答の形式を採ると、相談内容を要領良く引き出すことができ、その概略を把握しやすいと思います。

メールで相談予約を受け付ける場合には、相談内容の概略も併せてメールで提供させることが通常です。弁護士としては、これを読んで、相談に応じられるか否かを判断します。

◆他の弁護士に依頼中の事件
　既に他の弁護士に依頼中の事件について、セカンドオピニオンを別の弁護士から得たいがために、相談予約を希望する相談者もいます。例えば、「依頼している弁護士から、月額5万円の養育費で決着をつけることを提案されたが、この金額は適正なのだろうか。」といった質問がよくなされます。こうしたケースで相談予約を受け付ける場合には、法律の解釈や実務の運用には様々な考え方があり得ることを示唆し、あくまでも参考意見として述べるにすぎないことを伝えておくとよいでしょう。
　中には、「弁護士が話をよく聞いてくれない。」、「弁護方針が納得できない。」などの不満を吐露して、相談予約を求める者もいます。こうした不満が相談者の誤解に基づくものであるならば、その誤解を解き、依頼中の弁護士に対する信頼を回復するような助言をすべきですが、こうした助言すら聞き入れない相談者であれば、相談予約を断ることが賢明です。

(2)　緊急性の有無の確認

　相談予約を受け付ける際に特に注意しなければならないのは、緊急性の有無です。例えば、養育費の支払を確保するために早急に強制執行の申立てをする必要がある場合や、反対に、養育費の支払を怠っていたために相手方から近日中に強制執行を受ける可能性が高い場合などでは、できるだけ早い相談日を設定して、迅速に対応する必要があります。繁忙ゆえに速やかな対応が難しい場合には、事情を説明して、相談予約を断る方が相談者のためにもなります。
　なお、相談予約時に、既に調停や審判の期日が間近に迫っているケースも少なくありません。たまたまその期日への出頭が可能であればよいのですが、たとえ出頭できない場合でも、事情を裁判所に説明すれば、期日の変更が認められたり、あるいは当該期日は欠席し、次回期日からの出頭だけで事足りることが少なくありませんので、受任して構いません。

◆法律相談センターの紹介
　スケジュールの都合などで相談予約を断る場合には、できれば弁護士会が運営する

法律相談センターを紹介するとよいでしょう。法律相談センターの中には、家事事件に詳しい弁護士が相談に応じる部署もありますので、養育費や婚姻費用の問題で困っている相談者にはこうした窓口を案内します。

(3) 相談日時・場所・法律相談料の告知

　相談を受ける場合は、弁護士と相談者の双方にとって都合の良い相談日時を決め、相談場所を指定します。相談場所は、弁護士の法律事務所や弁護士会館内の相談室を指定します。相談者は初対面の方ですから、信頼できる紹介者がいる場合を除き、原則として相談者の自宅などへの出張相談は避けます。

　また、相談予約を受け付ける際に、法律相談料を相談者に伝えます。通常は、弁護士の法律事務所に備えてある報酬基準による法律相談料を示し、相談者の承諾を得ることになります。相談者の資力が乏しい場合には、日本司法支援センター（法テラス）の無料法律相談を紹介することを検討します。

◆日本司法支援センター（法テラス）の法律相談援助

　法テラスでは、資力が乏しい人を対象に、弁護士等による無料法律相談を実施しています。この法テラスによる法律相談援助は、1回の相談時間は30分程度ですが、同一案件で3回まで利用することができます。

　なお、法テラスと契約をしている弁護士等は、自己の法律事務所で行った法律相談についても法律相談援助を利用することができ、法テラスから所定の法律相談料の支払を受けることができます。

(4) 関係資料持参の指示

　相談を受ける際は、関係資料を確認しながら事実関係を調べる必要があります。そこで、相談予約の際に、関係資料を相談日の当日に持参するよう相談者に指示します。

　養育費や婚姻費用の事件では、収入が分かる資料、住宅ローンや教育費などの支出が分かる資料のほか、合意書や調停調書などがあれば、こうした書面も持参してもらいます。また、相談日当日の相談をより円滑に進めるために、婚姻の経緯から今日までの夫婦の履歴を時系列に沿って記載したメモを持参してもらうことが有用です。相談者としても、こうしたメモを作成することによって頭の中が整理されるという副次的効果が期待できます。

2　法律相談の実施

> (1)　相談に当たっての注意点の確認
>   相談者の心情を斟酌して、適切な回答をするように努めます。
> (2)　子の有無・人数・年齢・監護者の確認
>   養育費・婚姻費用を検討する前提となる、子の有無・人数等を確認します。
> (3)　離婚事件の現況の確認
>   離婚についての話合いの状況等を確認します。
> (4)　収入金額の確認
>   養育費・婚姻費用の金額の算定に当たり必要な情報ですので、双方の収入金額を確認します。
> (5)　未払の養育費・婚姻費用の履行状況の確認
>   未払の養育費・婚姻費用の状況を確認します。

(1)　相談に当たっての注意点の確認

　養育費・婚姻費用の相談者は、離婚で揉めている渦中であることが少なくありません。特に婚姻費用に関しては、離婚を前提に別居中の妻からの相談であることが多いと思います。例えば、「夫が家を出て、不貞相手と同居しているらしい。夫が生活費を入れてくれないので、幼少の子を抱えていて生活が苦しい。」といった相談内容です。相談者は、離婚という人生の一大事に直面して、不安に陥っている上に、日々の生活に追われ、精神的に相当疲弊している可能性があります。したがって、相談を受ける弁護士としては、こうした相談者の心情を十分に斟酌し、相談者を精神的に支えるという視点を持って接することが必要です。「そんな夫とは早く別れた方がよい。」とか「働けないのですか？」などといった何気ない一言で、相談者を更に精神的に追い詰めてしまう危険があります。

　他方で、夫からの相談では、弁護士が対応に苦慮することもあります。例えば、別居中の妻は幼少の子を抱えて、苦しい生活を送っているが、夫（相談者）としては、婚姻費用や養育費は払いたくない、払うとしてもできるだけ安く抑えたいと希望して

いるケースなどです。こうしたケースでも、相談を受ける弁護士としては、相談者の意向に沿って尽力することが基本となりますが、夫として、父として扶養義務を負っている以上、相談者の身勝手が許されない面もありますので、弁護士は、ときには、養育費・婚姻費用を払うよう相談者を指導・説得する立場になる場合があります。ただ、相談者との信頼関係を維持しながら、そうした指導・説得を行うことは、弁護士として高度なスキルを要することです。

(2) 子の有無・人数・年齢・監護者の確認

養育費・婚姻費用の相談に来るということは、夫婦又は元夫婦が別居中であることが通常です。そこで、まず、養育費・婚姻費用を検討する前提となる、子の有無・人数・年齢と、現在の子の監護者を確認します。

(3) 離婚事件の現況の確認

養育費・婚姻費用の相談は、離婚の相談とセットでなされることが多いと思います。そこで、離婚についての話合いの状況等を確認します。これから離婚調停を申し立てる予定である場合には、離婚後の養育費も請求項目に含め、併せて婚姻費用分担請求の調停を申し立てることを検討します。

(4) 収入金額の確認

養育費・婚姻費用の金額の算定に当たって必須の情報となりますので、相談者と相手方の収入金額の概算を確認します。

初回の相談時に確認できなかった場合には、次回の相談の際に源泉徴収票や確定申告書の写し等の資料を持参してもらうようにします。

(5) 未払の養育費・婚姻費用の履行状況の確認

養育費・婚姻費用の支払義務が既に調停調書等で確定している場合もあります。

この場合における相談は、相手方が既に履行を怠っているケースが少なくありません。したがって、相談を受ける弁護士は、これまでの支払状況を確認します。その上で、必要に応じて、給料の差押え等の強制執行の措置に及ぶか否かを検討します。

なお、過去において定められた養育費・婚姻費用の金額を変更する必要があるケースもあります。このケースでは、養育費・婚姻費用の増減額請求を検討します。

【参考書式1】　法律相談時確認事項チェックシート

3　手続・費用の説明

> (1)　権利者に対する手続の説明
> 　相談者が養育費等を請求する側である場合には、交渉から調停・審判までの流れについて、解決までに要する時間と共に説明します。
> (2)　義務者に対する手続の説明
> 　相談者が養育費等を請求される側である場合にも、交渉から調停・審判までの流れを説明しますが、その場合には弁護士が介入するタイミングについても相談者と協議します。
> (3)　弁護士費用の説明
> 　養育費・婚姻費用に関する事件を受任するに当たっては、これに要する弁護士費用を依頼者に説明します。

(1)　権利者に対する手続の説明

　相談者が養育費・婚姻費用を請求する権利を有する者である場合には、請求する手続の概要について説明します。

　既に当事者間で合意が成立している場合には、履行を請求します。調停調書等の債務名義がある場合には、強制執行を検討します。

　当事者間でまだ合意が成立していない場合には、まず、請求できる養育費・婚姻費用の金額を算定します。これは、養育費・婚姻費用算定表（以下「算定表」若しくは「簡易算定表」といいます。）を基準としつつ、依頼者の希望や事案の特殊性に応じて適宜修正します。

　その上で、一般的には、弁護士が代理人として相手方（義務者）に対して請求書面

を送付します。請求した事実を証拠として残す必要がある場合には、内容証明郵便で請求書面を送付します。なお、いきなり弁護士名で請求書面が送付されると、相手方が感情的になり、その後の交渉がかえって難しくなってしまうおそれがあるケースでは、弁護士は書面を作成するだけにとどめ、本人（権利者）名義で請求書面を送付することを検討します。

　その後の流れは、相手方の対応いかんによりますが、一般的には、弁護士が代理人として相手方と交渉を進めます。書面や電話等での交渉も行いますが、必要に応じて直接会って話合いを行います。

　交渉がまとまれば、合意書面を作成します。合意書面は、弁護士が作成する通常の書面でも構いませんが、将来、相手方が履行を怠った場合における強制執行まで視野に入れるならば、公正証書で作成することも検討します。

　交渉がまとまらない場合には、次のステップである調停の申立てに進みます。ここでは、調停の申立手続や調停期日の進行について丁寧に説明します。特に、調停が不成立になった場合には当然に審判に移行し、裁判所の判断が下されることを忘れずに説明しておきます。そして、調停調書と審判には強制力があることも指摘します。

　これらの手続の説明を聞いた相談者の関心事は、解決までにどのくらいの時間を要するかということです。請求書面の作成に要する時間と、調停申立書を作成し家庭裁判所に提出するまでに要する時間は、弁護士の業務の繁閑状況や、依頼者の協力が的確に得られるか否か等に影響されますし、相手方との交渉に要する時間は相手方次第ですので、弁護士は、大まかな目安を相談者に示します。調停申立て後は、第1回期日までに約1か月かかり、その後は、概ね月に1回程度、調停期日が開かれ、半年ないし1年程度で調停の結論が出ることが多いと思います。調停が不成立となった場合には審判に移行しますが、ほとんどのケースでは調停期日において既にほとんどの主張や証拠が提出されていますので、審判の期日は短期間で終結するのが通常です。

(2)　義務者に対する手続の説明

　相談者が養育費・婚姻費用を相手方（権利者）から請求される側である場合には、基本的に、上記の権利者に対する手続の説明を反対側から説明することになります。

　ここで重要なことは、弁護士が代理人として、どのタイミングで介入するかということです。既に相手方に弁護士が付いていて、弁護士名で請求書面が送付されているケースでは、初めから弁護士が介入することが多いと思います。

　これに対して、現在はまだ相手方本人から請求されているにすぎない段階では、しばらくの間は本人間で交渉を進め、弁護士は依頼者の背後で助言・指導するという形

もあります。そして、依頼者から弁護士が前面に出てほしいとの依頼がなされた時点で、弁護士名で相手方に対して受任通知を送付します。

(3) 弁護士費用の説明

弁護士は、養育費・婚姻費用に関する事件を受任するに当たって、これに要する弁護士費用について依頼者に説明しなければなりません。

弁護士費用の金額については、「経済的利益、事案の難易、時間及び労力その他の事情に照らして、適正かつ妥当な弁護士報酬」を提示しなければなりません（弁護士職務基本規程24）。しかも、この提示は弁護士各自の報酬基準に基づくものでなければならず（弁護士の報酬に関する規程3①）、場当たり的なものであってはなりません。提示すべき内容は、金額のみならず、報酬の種類、算定方法、支払時期その他弁護士の報酬を算定するために必要な事項です（弁護士の報酬に関する規程3②）。

養育費を請求する事件における弁護士報酬の算定方法としては、いろいろなものがあると思いますが、例えば、（旧）日本弁護士連合会報酬等基準を参考に、継続的給付債権の請求事件として扱い、債権総額の10分の7の額を基準に算定する方法が考えられます。この方法によると、現在13歳の子の場合には、養育費支払の終期を20歳になるまでとして、養育費の金額が月5万円だとすると、7年分の420万円の10分の7である294万円が経済的利益の額となります。ただし、これに基づいて着手金や報酬金を算定するとしても、将来債権であることから、現実の履行の確実性や依頼者の経済的資力等を考慮して、弁護士報酬の支払時期や方法を依頼者と協議する必要があります。

4　事件の受任手続

(1) 委任契約書の作成
　事件を受任する場合には、必ず委任契約書を作成します。
(2) 日本司法支援センター（法テラス）への持込み
　依頼者の資力が乏しい場合には、日本司法支援センター（法テラス）の民事法律扶助制度の利用を検討します。

(1) 委任契約書の作成

　弁護士は、事件を受任するに当たり、弁護士報酬に関する事項を含む委任契約書を作成することを義務付けられています（弁護士職務基本規程30①）。委任契約書を作成することによって、受任の範囲や弁護士報酬等をめぐる依頼者とのトラブルを未然に防止することができます。

　委任契約書には、「受任する法律事務の表示及び範囲」、「弁護士の報酬の種類、金額、算定方法及び支払時期」、「委任契約が委任事務の終了に至るまで解除ができる旨並びに委任契約が中途で終了した場合の清算方法」を記載しなければなりません（弁護士の報酬に関する規程5④）。

　弁護士は、依頼者に対して委任契約書の内容を説明し、依頼者の了承が得られた場合には、双方が署名捺印をして委任契約書を完成させます。

　なお、養育費・婚姻費用を請求する調停の申立てが予定されている場合には、委任契約書の作成と同時に、手続代理委任状を作成してもらいます。

(2) 日本司法支援センター（法テラス）への持込み

　依頼者の資力が乏しく、弁護士費用を支払うことが難しい場合には、日本司法支援センター（法テラス）への持込みを検討します。法テラスの民事法律扶助制度では、資力の乏しい依頼者が弁護士の法律事務所で法律相談を受け、さらに当該弁護士を事件の代理人とする代理援助を受けることができます。ただし、この制度を利用するには、弁護士が法テラスとの間で民事法律扶助契約を締結している必要があります。

　法テラスの代理援助を受けるためには、援助申込書を法テラスに提出して、資力要件等に関する所定の審査を経る必要があります。審査に通ると、法テラスが所定の弁護士費用を立て替えてくれます。被援助者（依頼者）は、この立替金の返済については、毎月低額の一定額を法テラスに返済すればよいので、大変便利です。

【参考書式1】　法律相談時確認事項チェックシート

相談者	氏　名	甲　野　花　子
	住　所	〒〇〇〇-〇〇〇〇 東京都〇〇区〇〇町〇丁目〇番〇号
	電　話 （自宅）	〇〇-〇〇〇〇-〇〇〇〇
	電　話 （携帯）	〇〇〇-〇〇〇〇-〇〇〇〇
	FAX	〇〇-〇〇〇〇-〇〇〇〇
	E-mail	xxx@xxx.jp
	連絡方法についての希望	携帯電話への電話連絡を希望する。 平日昼間には電話に出られないことが多い。 メールでの連絡はできるだけ避けてほしい。
相手方	氏　名	甲　野　太　郎
	住　所	〒〇〇〇-〇〇〇〇 東京都〇〇区〇〇町〇丁目〇番〇号
	電　話 （自宅）	〇〇-〇〇〇〇-〇〇〇〇
	電　話 （携帯）	〇〇〇-〇〇〇〇-〇〇〇〇
	FAX	〇〇-〇〇〇〇-〇〇〇〇
	E-mail	xxx@xxx.jp
	相手方への連絡方法	携帯電話へかけるとつながる。 メールでの連絡も可能。

第1章　相談・受任

関係図	花子 ══ 太郎 ├─ 一郎　　春子	
婚姻した日	平成○年○月○日	
子	長　男	甲　野　一　郎（平成○年○月○日生）
	長　女	甲　野　春　子（平成○年○月○日生）
		（　　　年　月　日生）
		（　　　年　月　日生）
親権についての希望	㊍　　　父　　　未定	
同居・別居	同　居	
	㊍居（平成○年○月○日から）	
子の監護者	相談者	長男　長女
	相手方	
	その他	
離婚の意思	相談者	有　　無　　㊍定
	相手方	㊍　　無　　不明
離婚についての話合い	㊍た　　　していない	
離婚原因と経緯	1　平成○年○月、相手方が他の女性と不貞関係にあることが発覚した。偶然目にした相手方の携帯電話のメールのやり取りを見たのがきっかけ。女性の名前は○○であるが、それ以外の情報はなし。	

	2 相手方を問いただしたところ、相手方は交際の事実を認め、その時は謝罪したが、その後も交際が続いている様子であった。 3 平成○年○月、相手方から離婚を求められた。相談者としては、子がまだ小さいので、離婚することは躊躇する。しかし、相手方の離婚の意思が固いようであるので、もし離婚する場合には、親権のほか、多額の財産分与、慰謝料、養育費を確保したい。 4 平成○年○月○日、相手方が家を出たので、それ以降、現在に至るまで別居している。相手方は、都内にアパートを借りて住んでいる。
年 収	相談者　○○万円
	相手方　○○万円
夫婦共有財産	不動産　　　相手方名義のマンション 預貯金　　　相談者名義○○万円、相手方名義のものは不明 生命保険　　なし
住宅ローン	債権者　　　○○銀行　残額○○万円 自宅の市場価格　約○○万円
財産分与についての希望	マンションは売却して住宅ローンを返済し、残額の半分を取得したい。預貯金は、相手方名義のものもすべて明らかにした上で、合計額の半分を取得したい。
慰謝料についての希望	○○万円を希望する。
養育費についての希望	子1人について、月額○○万円（2人で○○万円）
年金分割についての希望	按分割合0.5

第 2 章

権利者・義務者の判断

18

第2章 権利者・義務者の判断

＜フローチャート～権利者・義務者の判断＞

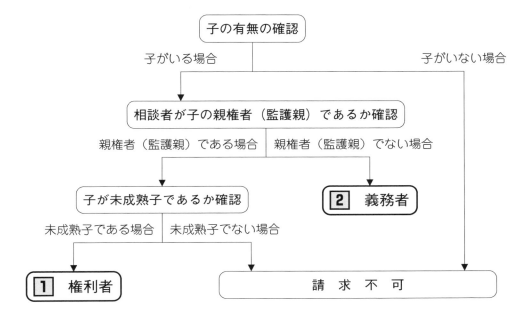

第2章　権利者・義務者の判断

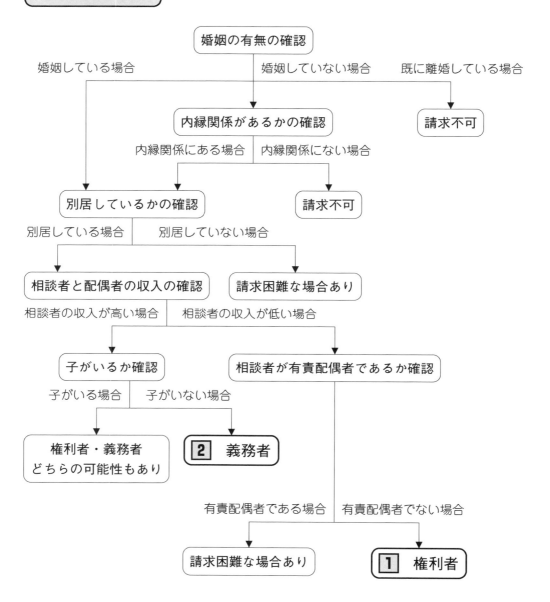

第2章 権利者・義務者の判断　　21

扶養料請求

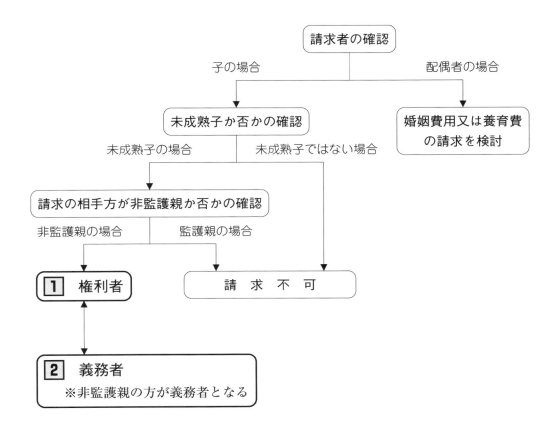

1 権利者

> **（1） 養育費請求**
> 　子の親権者又は監護親か否か、子が未成熟子か否か、という点が権利者性の判断のポイントになります。
>
> **（2） 婚姻費用分担請求**
> 　婚姻中の夫婦か否か、別居の有無、収入の多寡、有責性の有無が権利者性の判断のポイントになります。
>
> **（3） 扶養料請求**
> 　子自身の請求か否か、子が未成熟子か否か、相手方が非監護親か否かという点が権利者性の判断のポイントになります。

（1） 養育費請求

◆**養育費とは**

　養育費とは、未成熟子が経済的・社会的に自立するまでの間に要する子の生活費用のことをいいます。

　婚姻した夫婦には、夫婦間の扶助義務（民752）と共に、婚姻費用分担（民760）が定められています。これには、単なる文字通りの「夫婦」の扶助、婚姻費用分担を定めたのみならず、未成熟子を含んだ家族一体としての共同生活を営む上での扶助、費用分担を含んだものと解されており、婚姻中の養育費についての法律上の根拠であるといわれています。

　離婚後の養育費請求については、子の監護費用分担（民766①）が法律上の根拠となります。

◆**未成熟子とは**

　未成熟子とは、いまだ経済的、社会的に自立して生活することができない状態にある子のことをいいます。原則、未成年者を指しますが、成人に達していてもいまだ大学等で就学している学生であったり、浪人している場合、心身に持病や障害があり自

立した生活を送るのが困難であるような場合にも未成熟子と判断されることがあります（第3章第2 2 (2)参照）。

◆権利者性の判断

夫婦が別居又は離婚した場合、未成熟子を引き取って監護している親（親権者又は監護親）が権利者となり、子を監護していない親（非親権者又は非監護親）を義務者として、養育費の請求をすることができます（ただし、別居中の場合は、子の養育費だけでなく監護親の生活費を含めた婚姻費用（(2)参照）を請求することが一般的です。）。

養育費は子の生活費であることから、子がいない夫婦はそもそも請求できません。①子の親権者又は監護親か否か、②その子は未成熟子か否か、という点が権利者性の判断ポイントになります。

なお、後述（ 2 (2)）のとおり、養育費の支払義務は、子の生活を自分の生活と同一程度の水準のものに保持させる、いわゆる生活保持義務であるとされています。したがって、非親権者ないし非監護親の収入が低額である場合でも、支払義務が生じる場合があります（ただし、非親権者ないし非監護親が生活保護受給者である場合は、この限りではありません。）。

(2) 婚姻費用分担請求

◆婚姻費用とは

婚姻費用とは、婚姻している夫婦と未成熟子を合わせた家族が、婚姻共同生活を営む上で要する生活費用のことをいい、日常の生活費や、医療費、教育費、保険料などが含まれます。

婚姻した夫婦には、扶助義務（民752）と婚姻費用の分担義務（民760）が定められており、これが婚姻費用分担請求の法律上の根拠となります。婚姻費用は、資産、収入その他一切の事情を考慮して算定されます（民760）。

夫婦が同居しているときに問題になることは少なく、通常、夫婦が別居した場合に問題となります。別居していても離婚をしていなければ、婚姻関係は継続中であり法律上は夫婦であることから、一方配偶者（義務者）が、他方配偶者（権利者）の婚姻費用を分担すべき義務が生じます。権利者が未成熟子を引き取って監護している場合、婚姻費用には、権利者の生活費のほか未成熟子の養育費が含まれます。

> **アドバイス**
>
> ○家庭内別居の場合
>
> 　婚姻費用分担請求は、原則、夫婦が別居していることが前提であり、婚姻費用の簡易算定表（第3章第3 2 参照）も別居を前提として作成されています。
>
> 　しかしながら、同じ自宅に居住しているものの家庭内別居状態で交流がなく、しかも婚姻費用の分担に不足がある場合は、婚姻費用の分担請求をすることが可能です。ただし家庭内別居の場合は、同居していることにより支出を免れる費目（住居費・光熱費等）も一定程度あると評価されることから、別居した夫婦に比して、婚姻費用の分担額は少額になる傾向にあります。

◆権利者性の判断

　婚姻費用は婚姻生活を営む上で要する費用であることから、婚姻継続中であることが要件であり、離婚した配偶者は請求できません。ただし、いわゆる内縁関係の場合であっても、婚姻費用の分担義務（民760）は準用が認められるといわれています。

　また、2 (2)のとおり、婚姻費用の支払義務は、配偶者や未成熟子の生活を自分の生活と同一程度の水準のものに保持させる、いわゆる生活保持義務であるとされています。

　したがって、子のいない夫婦の場合は、収入の多い配偶者が義務者、収入の少ない配偶者が権利者となります。子がいる夫婦の場合は、子を含めた生活費と双方の配偶者の収入のバランスによって、権利者か義務者かの判断が異なってくるため、簡易算定表を足掛かりに慎重に検討する必要があります。

ケーススタディ

Q 有責配偶者から、婚姻費用の分担請求はできるか。

A 有責配偶者の婚姻費用分担請求については、信義則違反ないしは権利濫用として、権利者の生活費部分は認めず、子の生活費（養育費）の部分に限って認めるとするのが一般的な傾向です（大阪高決平28・3・17判タ1433・126、福岡高宮崎支決平17・3・15家月58・3・98等）。

ただし、単に権利者が家を出て別居した場合や、権利者から離婚訴訟を提起しただけでは、婚姻費用分担請求権を行使しても、権利の濫用とはなりません（福岡高決昭32・4・30高民10・3・194）。

(3) 扶養料請求

◆扶養料とは

本書における扶養料とは、父母の離婚後に、監護親に養育されている未成熟子が、非監護親に対して請求する生活費用のことを指しています。

民法は、直系血族の扶養義務を定めており（民877①）、これが扶養料請求の法的根拠となります。

親の子に対する扶養料の支払義務は、2(2)のとおり、子の生活を自分の生活と同一程度の水準のものに保持させる、いわゆる生活保持義務であると解されています。

◆権利者性の判断

子の親に対する請求権になるので、権利者は監護親ではなく子になります。もっとも、親権者が子の法定代理人として請求を行うことが一般的です。

請求者たる子が未成熟子（(1)参照）であるといえるか否か、相手方が非監護親であるか否か、が権利者性の判断のポイントとなります。

扶養料の金額については、養育費の算定表を参考にすることができます（**第4章第1** 3(2)参照）。

ただ通常は、扶養料請求ではなく、養育費請求の形式をとることが多いです。

養育費は、離婚訴訟の際に附帯して請求し、共に審理してもらうことが可能（人訴32①）ですが、扶養料請求の場合は、法の定めがなく附帯請求ができないためです。

ケーススタディ

Q 未成熟子の代理人である監護親が義務者と扶養料を請求しないという条件で合意していたが、後から請求することは可能か。

A 扶養を受ける権利は一身専属権であり、その処分は禁止されています（民881）。

したがって、扶養請求権の将来的な放棄の合意に効力はなく、後から請求することは可能です（札幌高決昭43・12・19家月21・4・139）。

2 義務者

> **(1) 扶養義務者**
> 　夫婦間、及び親は未成熟子に対して扶養義務があります。
> **(2) 扶養義務の程度**
> 　養育費・婚姻費用・扶養料の扶養義務は、自分の生活と同程度の生活を保持させる生活保持義務となります。
> **(3) 養子縁組をした場合**
> 　養親が第一次的な扶養義務者になります。

(1) 扶養義務者

　民法は、扶養義務者として、配偶者（民752）と直系血族（民877①）を挙げており、養育費・婚姻費用・扶養料については、1の権利者性の判断の裏返しとして、義務者性を判断することになります。

◆養育費の場合
　夫婦が別居又は離婚しており、夫婦の間に未成熟子がいる場合、子を監護していない親（非親権者又は非監護親）が義務者となります。
　ただし、離婚前の夫婦の場合は、通常、養育費のみならず配偶者の生活費を含めた婚姻費用を請求されることが一般的です。

◆婚姻費用の場合
　婚姻継続中の夫婦で、子のいない夫婦の場合は、収入の多い配偶者が義務者になります。
　子がいる夫婦の場合は、子を含めた生活費と双方の配偶者の収入のバランスによっ

て、権利者か義務者かの判断が異なってくるため、簡易算定表を足掛かりに慎重に検討する必要があります。

◆扶養料の場合
　監護親に養育されている未成熟子がいる場合に、非監護親が義務者となります。

(2) 扶養義務の程度

◆生活保持義務
　夫婦間の扶養や、親の未成熟子に対する扶養は、未成熟子を含んだ家族一体としての共同関係の本質として、相手方の生活を自己の生活を保持するのと同程度の水準まで扶養する義務があると解されており、生活保持義務といわれています。
　養育費や婚姻費用、扶養料は、全てこの生活保持義務の観点から、算出されることになります。

◆生活扶助義務
　生活保持義務と対比されて論じられるのが、夫婦や親の未成熟子に対するもの以外の扶養における生活扶助義務です。これは、自己の生活を維持した上でなお余力がある場合に、扶養請求者に最低限の水準の生活が営めるよう援助する義務とされており、生活保持義務は生活扶助義務に優先することになります。

(3) 養子縁組をした場合

　夫婦の離婚後、未成熟子の親権者である親が再婚し、再婚相手と未成熟子が養子縁組をすることがあります。
　養子は、養子縁組が成立した日から、養親の嫡出子としての身分を取得するので（民809）、再婚相手に未成熟子の扶養義務が生じます。他方で、実親との親子関係も存続するため、未成熟子の非親権者、養親の双方に扶養義務が生じることになりその関係が問題となりますが、この場合には、養親が第一次的な扶養義務者になります（民818②・877①）。
　なお、養子縁組をした場合も、非親権者の扶養義務がなくなるものではないため、既に養育費の支払合意がある場合は、改めて新たに非親権者から養育費変更の申入れをする必要があります。

また、親権者が再婚したというだけでは、再婚相手に未成熟子の扶養義務は生じませんが、親権者に対しては扶養義務を負います。そのため、親権者に経済的余裕が生じ、結果的に、非親権者の支払うべき養育費が減額になる傾向にあります。

アドバイス

○再婚・養子縁組の通知条項
　離婚した相手方が、再婚や、再婚相手と子との養子縁組をする可能性があるときには、調停条項等に下記のような条項を設けることを検討する場合があります。

　第○条　相手方が再婚した場合及び未成年者が第三者と養子縁組をした場合には、相手方は申立人に対し、○○の方法により速やかに知らせることを約束する。

第 3 章

養育費等・婚姻費用の算定

第1 総収入・基礎収入の算定

＜フローチャート～総収入・基礎収入の算定＞

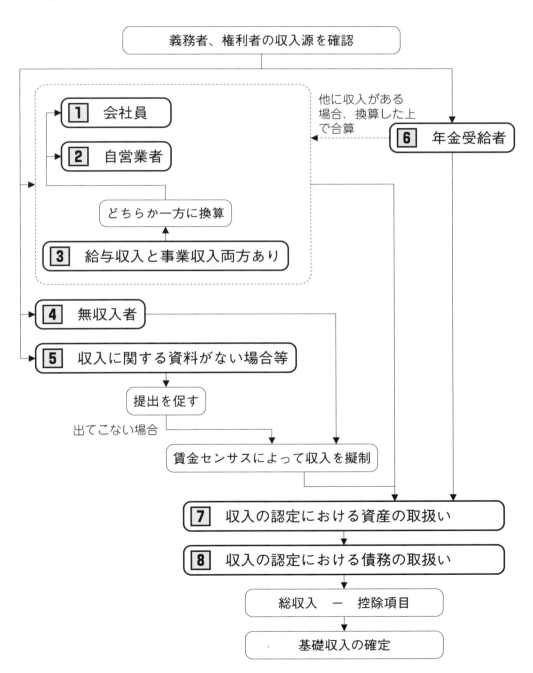

1　会社員の収入の調査・判断・算定

> (1)　会社員の収入の調査
> 　会社員の収入は、給与明細書や賞与明細書、源泉徴収票や確定申告書などから調べることができます。
> (2)　会社員の収入の判断
> 　給与明細書には賞与や一時金等が含まれていないので、会社員の収入を判断する上では、源泉徴収票が有力な資料となります。
> (3)　会社員の基礎収入の算定
> 　基礎収入は、税込収入から公租公課、職業費及び特別経費を控除して算定し、公租公課は「税法等で理論的に算出された標準的な割合」、職業費及び特別経費は「統計資料に基づいて推計された標準的な割合」をもって推計することとなります（概ね総収入の42％〜34％）。

(1)　会社員の収入の調査

　会社員の収入は、毎月会社から発行される給与明細書、賞与の支給時に会社から発行される賞与明細書、毎年会社から発行される源泉徴収票などから調べることができます。

　また、給与を2か所以上から受けている者については、確定申告がなされていますので、その確定申告書からも調べることができます。

(2)　会社員の収入の判断

　給与明細書は直近の給与の月額を認定するには便利ですが、賞与や一時金が含まれていませんので、給与明細書だけでは正確な年収の認定ができません。また、歩合給が多い場合などでは、給与の月額の変動が大きいので、ある月の給与明細書に記載されている給与額を12倍するだけでは、現実の年収額とは異なることになりますので、注意が必要です。

　会社員の収入を判断する最も有力な資料となるのは源泉徴収票です。算定表を適用する場合、源泉徴収票の「支払金額」の欄に記載された金額が総収入に当たります。

(3) 会社員の基礎収入の算定

(ア) 基礎収入の算定についての従前の実務

　従前、家庭裁判所における実務では、税込収入から公租公課、職業費及び特別経費を控除した金額をもって、養育費を捻出する基礎となる収入（基礎収入）としていました。

　職業費とは、給与所得者として就労するために必要な出費です。例えば、被服費、交通費、交際費等がこれに当たります。職業費は、実額で認定するのではなく、総収入の10％～20％という割合で推計処理されました。

　特別経費とは、家計費の中でも弾力性、伸縮性に乏しく、自己の意思で変更することが容易ではなく、生活様式を相当変更させなければその額を変えることができないものです。例えば、住居費や医療費等がこれに当たります。換言すれば、特別経費とは、養育費の分担に先立って支出を余儀なくされる費用の総称です。特別経費は実額で認定されました。

(イ) 算定表における基礎収入の算定の基本的な考え方

　従前の実務では、基礎収入の算定に当たり、公租公課と特別経費については実額で認定されましたが、特に特別経費という概念の外延が明確でなかったため、特別経費の費目及び金額をめぐって当事者から主張や証拠の提出がなされ、審理が長期化する傾向がありました。

　そこで、算定表においては、養育費・婚姻費用の簡易迅速な算定を目指して、公租公課及び特別経費の実額認定を改め、基礎収入を「税法等で理論的に算出された標準的な割合」と「統計資料に基づいて推計された標準的な割合」をもって推計することとされました。

(ウ) 算定表における給与所得者の公租公課

　算定表においては、公租公課（所得税、住民税、社会保険料）が総収入に占める割合は、「税法等で理論的に算出された標準的な割合」（理論値）が採用されています。所得税及び住民税は、各税法所定の税率が用いられ、社会保険料については、健康保険料、厚生年金保険料、雇用保険料について各法所定の率が用いられています。

　その結果、総収入に占める公租公課の割合は、概ね総収入の12％～31％となります。高額所得者の方がこの割合が大きい結果になっています。

(エ) 給与所得者の職業費の割合

　算定表においては、収入を得るのに必要な経費（職業費）については、実務上、それに当たることが広く認められている被服費、交通・通信費、書籍費、諸雑費、交際

費等として、総務省統計局の「家計調査年報」第四表「年間収入階級別一世帯当たり年平均1か月間の収入と支出（勤労者世帯）」によって集計しています（東京・大阪養育費等研究会「簡易迅速な養育費等の算定を目指して―養育費・婚姻費用の算定方式と算定表の提案―」判例タイムズ1111号289頁）。

　そして、過去5年の平均値を算出し、給与所得者の総収入に占める職業費の割合は、概ね総収入の20％〜19％となります。高額所得者の方がこの割合が小さい結果になっています。

（オ）　給与所得者の特別経費の割合

　算定表において、特別経費については、実務上それに当たることが広く認められている住居に要する費用、保健医療費等として、職業費の場合と同様に、「家計調査年報」によって集計しています。そして、過去5年の平均値を算出すると、給与所得者の総収入に占める特別経費の割合は、概ね総収入の26％〜16％となります。高額所得者の方がこの割合が小さい結果になっています。

（カ）　給与所得者の基礎収入の割合

　算定表における給与所得者の基礎収入は、総収入から上記の（ウ）ないし（オ）を控除したものとされています。したがって、概ね総収入の42％〜34％となります。高額所得者の方がこの割合が小さい結果になっています。

2　自営業者の収入の調査・判断・算定

(1)　自営業者の収入の調査

　自営業者の収入は、確定申告書や課税証明書で調査します。

(2)　自営業者の収入の判断

　確定申告書の「課税される所得金額」欄に記載された金額を基に、現実には支出されていない費用を加算して判断します。

　ただし、減価償却費の取扱いには注意が必要です。

(3)　自営業者の基礎収入の算定

　基礎収入は、「課税される所得金額」から所得税・住民税・特別経費を控除した残額となります（概ね総収入の52％〜47％）。

第3章 養育費等・婚姻費用の算定　35

(1) 自営業者の収入の調査 ■■■■■■■■■■■■■■■■■■■■■

　自営業者の収入は、確定申告書や課税証明書で調べるのが一般的です。

(2) 自営業者の収入の判断 ■■■■■■■■■■■■■■■■■■■■■

(ア)　課税される所得金額

　算定表を適用する場合、確定申告書の「課税される所得金額」の欄に記載された金額が総収入に当たります。事業の種類によって収入を得るのに必要な経費が異なりますので、売上金額が総収入になるわけではありません。

(イ)　課税される所得金額に加算することが適当であるもの

　ところで、「課税される所得金額」は、税法上、種々の観点から控除がされた結果ですので、その金額をそのまま総収入と考えることは適当ではありません。税法上控除されたもののうち、現実には支出されていない費用は、養育費・婚姻費用の原資となるべきものですから、「課税される所得金額」に加算して総収入を認定する必要があります。

　確定申告書の「所得から差し引かれる金額」のうち、現実に支出されていないものである「基礎控除」、「扶養控除」、「配偶者控除」、「配偶者特別控除」、「寡婦、寡夫控除」、「勤労学生、障害者控除」、「雑損控除」及び「青色申告特別控除額」の各控除額は「課税される所得金額」に加算します。また、現実に支払がされていない場合には、「専従者給与（控除）額の合計額」も加算します。

　「医療費控除」、「生命保険料控除」及び「地震保険料控除」については、算定表において、収入額に応じた標準的な保健医療費及び保険掛金が特別経費として考慮されていますので、収入の認定においてさらに控除すると、二重に考慮することになってしまいます。したがって、それらの控除額も「課税される所得金額」に加算すべきです。なお、標準的な額を超える医療費等の支出がある場合には、算定表によることが著しく不公平となるような特別な事情があるものとして、別途、その支出額等を特別経費として考慮することを検討します。

　「寄附金控除」及び「小規模企業共済等掛金控除」の取扱いについては、考え方が分かれるところだと思います。これらの支出が養育費・婚姻費用の支払に優先するものとは考えない立場からは、これらの控除額も「課税される所得金額」に加算することになります。

（ウ）減価償却費

　自営業者の収入の認定において、減価償却費の取扱いが問題となります。減価償却費とは、事業用に使用している建物、建物附属設備、機械、車両等の取得金額を税法上定められている耐用年数に応じて一定の計算方法により各年度に配分したものです。これは、会計上又は税法上、必要経費として控除されるものですから、当該年度において具体的な支出はありません。そこで、減価償却費については、養育費・婚姻費用の算定に当たって特別の考慮を要します。

　例えば、義務者が事業用資産を取得するための借入金の返済をしているにもかかわらず、減価償却費を必要経費と認めず、総収入から控除しない（その分、養育費・婚姻費用の金額が高額になる）とすると、義務者にとって酷な結果になる場合があります。したがって、基本的には、適正な減価償却費であれば各年度の必要経費として控除した上で総収入を認定し、算定表を適用するのが適当です。

　これに対して、減価償却費をそのまま養育費・婚姻費用の算定の前提として控除することに疑問がある場合には、減価償却費を控除せずに、所得金額に加算し、別途、特別経費として、現実の負債返済額（税法上経費扱いされていない分）の全部又は一部を控除するなどして総収入を認定するという方法が相当であるとされています（岡健太郎「養育費・婚姻費用算定表の運用上の諸問題」判例タイムズ1209号4頁）。

（3）自営業者の基礎収入の算定

　算定表においては、基礎収入は、「課税される所得金額」から所得税、住民税、特別経費を控除した残額とされます。

　総収入に対する所得税、住民税及び特別経費の割合については、給与所得者と同様に推計し、所得税及び住民税については総収入の概ね15％～30％（高額所得者の方が割合が大きい）、特別経費については総収入の概ね33％～23％（高額所得者の方が割合が小さい）となります。

　したがって、自営業者の基礎収入は、総収入の52％～47％となります。高額所得者の方がこの割合が小さい結果になっています。

第3章 養育費等・婚姻費用の算定

3　給与収入と事業収入が両方ある場合

　給与収入と事業収入の両方の収入がある者については、どちらか一方に換算した上で合計します。

　換算の方法は、算定表を利用するのが簡明です（岡・前掲判タ1209号6頁）。

　計算によって換算する場合、給与所得者は、総収入から公租公課（所得税、住民税、社会保険料）、職業費及び特別経費を控除して基礎収入を算定するのに対し、自営業者は、必要経費及び社会保険料を控除したものを総収入として、これから所得税、住民税及び特別経費を控除して基礎収入を算定しますが、所得税、住民税及び特別経費の内容は、給与収入でも事業収入でも同じであることから、まず、給与収入を事業収入に換算するには、給与所得者としての総収入から職業費と社会保険料を控除します。他方、事業収入を給与収入に換算するには、事業所得者としての総収入に社会保険料を加えれば、給与所得者の総収入から職業費を控除した場合と同等になりますので、これを「1－（給与収入における職業費の割合：約20％）」で除すれば、給与所得者の収入に換算できることになります（松本哲泓「婚姻費用分担事件の審理－手続と裁判例の検討」家庭裁判月報62巻11号1頁）。

4　無収入者の収入の判断・認定

> (1)　無収入者等の収入の判断
> 　義務者、権利者いずれについても、労働が可能であれば賃金センサスによって収入を擬制します。
> (2)　無収入者等の収入の認定
> 　当事者に最も適した統計資料を用います。

(1)　無収入者等の収入の判断

（ア）　収入の擬制

　働こうと思えば十分働くことができるのに、労働意欲がなく、働かないので収入が

ない場合に、現実の収入がないことを理由に養育費等（以下本章では「扶養料」を含みます。）の支払義務を免れることは不公平です。また、趣味的な仕事しかしないので低収入の場合に、現実の収入が少ないことを理由に養育費等の支払義務を軽減させることも同様に不公平です。

反対に、権利者が働こうと思えば十分働くことができるのに、労働意欲がなく、働かないなどの理由で無収入ないし低収入の場合に、これらを前提に養育費等の算定をすることは、義務者に酷な結果を強いることになり、やはり不公平です。

このような場合には、賃金センサス（厚生労働省「賃金構造基本統計調査」）によって収入を擬制します。

（イ）　収入の擬制が適当でない場合

労働意欲はあるが、合理的な理由から就職できない場合には、収入の擬制はなされません。また、現実の収入が賃金センサスの統計額より低くても、それ以上の収入が期待できない場合には、現実の収入を基準とします。

夫（抗告人）が妻（相手方）の基礎収入について潜在的稼働能力を考慮すべきであると主張した事案で、潜在的稼働能力を判断するには、妻の就労歴や健康状態、子の年齢やその健康状態など諸般の事情を総合的に検討すべきところ、本件では、相手方は過去に就労歴はあるものの、婚姻してからは主婦専業であった者で、別居してからの期間は短い上、子らを幼稚園、保育園に預けるに至ったとはいえ、その送迎があり、子らの年齢が幼いこともあって、いつ病気、事故等の予測できない事態が発生するかも知れず、就職のための時間的余裕は必ずしも確保されているとはいい難いことを理由に、妻の稼働能力を否定した裁判例があります（大阪高決平20・10・8家月61・4・98）。

(2)　無収入者等の収入の認定

賃金センサスで収入を擬制する場合には、当該当事者に最も適した統計資料を適用して基礎収入を算定します。

5　収入に関する資料がない場合等

(1)　収入に関する資料の調査

当事者の自主的な提出が基本なので、義務者に対して自主的な資料提出

第3章　養育費等・婚姻費用の算定　　39

を粘り強く働きかけます。
(2)　収入に関する資料がない場合等における収入の認定
　権利者の主張・立証を基礎として賃金センサスによって収入を擬制します。

(1)　収入に関する資料の調査

　源泉徴収票や確定申告書等の収入に関する資料は、当事者が自主的に提出することが基本です。
　しかし、実務では、義務者がこうした資料の提出に応じないケースや、調停や審判への出頭すら拒否するケースもあります。
　また、自営業者で、収入があること自体は明らかであるにもかかわらず、確定申告を怠っているケースや、確定申告書の記載内容が信用できないケースもあります。それらの場合でも、取引銀行口座の取引履歴を検証すれば、収入の概算を把握することは可能ですが、現金で決済していれば、それもできません。
　このような事案では、現実には権利者側が資料収集の努力をせざるを得ませんが、裁判所としても、義務者を粘り強く説得し、また、家庭裁判所調査官による出頭勧告を行うなどして、収入に関する資料を自主的に提出するよう義務者に働きかけます。

(2)　収入に関する資料がない場合等における収入の認定

　義務者の協力が得られないために収入に関する資料が調わない場合には、賃金センサスによって収入を擬制します。
　義務者に最も適した統計資料を適用するに当たっては、義務者の収入に関する権利者の主張・立証が基礎となります。

6　年金受給者の収入の調査・算定

(1)　年金受給者の収入の調査
　公的年金等の源泉徴収票等によって調べます。

(2) 年金受給者の基礎収入の算定
　総収入から公租公課等を控除して算定します（概ね62％～53％）。
(3) 自営業者の年金の算定
　年金収入を事業収入に換算した上で合算します。
(4) 給与所得者の年金の算定
　年金収入を給与収入に換算した上で合算します。

(1) 年金受給者の収入の調査

　年金受給者の収入は、公的年金等の源泉徴収票や、年金振込通知書、年金額改定通知書等で調べることができます。

(2) 年金受給者の基礎収入の算定

　算定表では、基礎収入を算定するに当たり、前述（ 1 (3)(エ)）のとおり給与所得者については職業費として約20％を控除しますが、年金収入を得るためには、被服費、交通・通信費等の職業費がかかっていませんので、これを控除せずに基礎収入を算定します。
　具体的には、総収入のうち、公租公課の割合を概ね総収入の12％～31％、特別経費の割合を概ね総収入の26％～16％として、これを合算した38％～47％を控除したもの、すなわち年金収入の62％～53％が基礎収入となります。

(3) 自営業者の年金の算定

　自営業者に年金収入がある場合、年金収入を事業収入に換算した上で合算して、基礎収入を算定する方法があります。
　年金収入を事業収入に換算するに当たっては、所得税、住民税及び特別経費は事業収入において控除されますので、年金収入から社会保険料だけを控除します。

(4) 給与所得者の年金の算定

　給与所得者が年金収入も得ている場合、年金収入を給与収入に換算した上で合算し

て、基礎収入を算定する方法があります。

　年金収入を給与収入に換算するに当たっては、年金収入には職業費が必要でなく、職業費は給与収入では約20％とされていることから、年金収入を0.8（1－20％）で除した上で給与収入と合算した裁判例があります（大阪高決平22・1・25（平22(ラ)5））。

7　収入の認定における資産の取扱い

　養育費等を算定するに当たっては、実務では、通常、収入だけを考慮します。特に、特有財産（婚姻前からの資産や親族からの相続等により取得した財産（民762①））は、夫婦別産制の原則からしても、養育費等の算定に当たって考慮すべきではないとも考えられます。

　しかし、婚姻費用の分担においては、夫婦の「資産、収入その他一切の事情」を考慮するものとされていますので（民760）、民法は「資産」を考慮することを容認しています。養育費についても、これと異に解する必要はありません。

　では、どのような場合に資産を考慮すべきでしょうか。この点については、夫婦の収入の合計が生活費に足りない場合に、初めて資産が考慮の対象になるとの考え方があります（青山道夫・有地亨編『新版注釈民法(21)』435頁（有斐閣、1989））。夫の収入が十分であれば、高額の相続取得不動産とその賃料収入を考慮せず、夫の給与所得のみで婚姻費用の分担額を算定しても相当であるとした裁判例があります（東京高決昭57・7・26家月35・11・80）。

8　収入の認定における債務の取扱い

　義務者が債務を負っている場合、これを考慮せずに養育費等を算定すると、義務者に酷な結果になり、時には義務者の生活が成り立たなくなる場合があります。したがって、負債を特別経費と扱って考慮することも考えられます。

　しかし、算定表においては、総収入から標準的に控除すべきものとして負債を考慮することは、負債の返済が、その性質にかかわらず、子の扶養義務に優先することに

なる結果、相当性には疑問があることから、負債は特別経費に含めないものとされています（前掲判夕1111号289頁）。

確かに、ここでの扶養義務は生活保持義務ですから、この履行よりも負債の返済を優先させることは適当ではありません。

しかし、住宅ローンの返済などを養育費等の算定において全く考慮しないことも、権利者・義務者間の公平に反しますから、ケースによってはある程度の考慮をする必要があります（**本章第2 4** (6)・**第3 3** (3)参照）。

第2 養育費・扶養料の算定

＜フローチャート～養育費・扶養料の算定＞

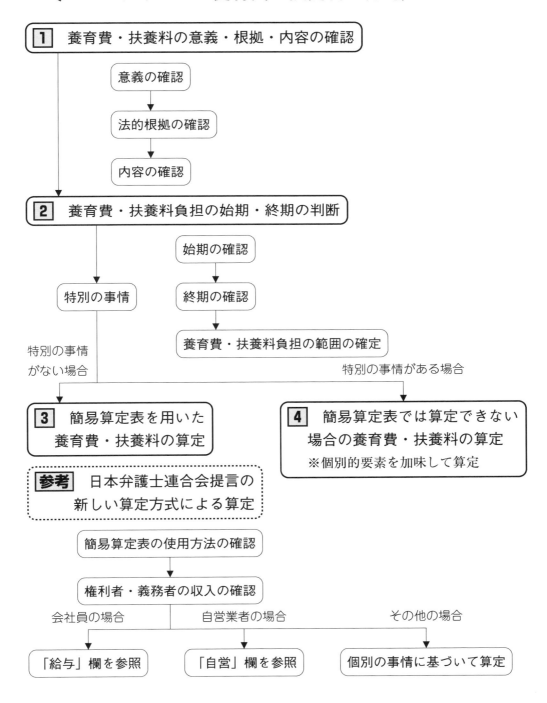

1 養育費・扶養料の意義・根拠・内容の確認

(1) 養育費・扶養料の意義の確認
　未成熟な子を監護、養育している一方の親から、監護、養育を行っていない他方の親に費用の分担を請求する場合の費用を「養育費」といい、未成熟な子が、親に対し、社会生活の維持に必要な費用を請求する場合の費用のことを「扶養料」といいます。

(2) 養育費・扶養料の根拠の確認
　養育費の根拠として、夫婦が婚姻している間は、夫婦間の扶助義務（民752）、婚姻費用の分担（民760）が根拠となり、夫婦の離婚に際しては、子の監護に必要な監護費用を定めること（民766①）が根拠となります。
　また、扶養料の根拠として、親が子に対して負っている扶養義務（民877①）が挙げられます。

(3) 養育費・扶養料の内容の確認
　養育費・扶養料として考えられるのは、子の衣食住等の生活費、子の教育費、子の医療費などが考えられます。

(1) 養育費・扶養料の意義の確認

　未成熟な子が通常の社会生活を維持するためには、当然、費用が必要となります。
　この費用は未成熟な子の親が負担することになりますが、未成熟な子を監護、養育している一方の親から、監護、養育を行っていない他方の親に費用の分担を請求する場合、その費用を「養育費」といいます。
　なお、両親が別居していたとしても婚姻中であれば、子の養育費は、婚姻費用に含まれることになりますので、ここでは、両親が離婚した後又はそもそも両親が婚姻していない場合の養育費を問題とします。婚姻費用に関しては、**本章第3**を参照してください。
　また、未成熟な子から、親に対し、社会生活を維持するための費用を請求することもできます。この未成熟な子が、親に対し、社会生活の維持に必要な費用を請求する場合、その費用のことを「扶養料」といいます。

(2) 養育費・扶養料の根拠の確認 ■■■■■■■■■■■■■■■■

「養育費」という用語は民法にはありませんが、夫婦が婚姻している間は、夫婦間の扶助義務（民752）、婚姻費用の分担（民760）が根拠となっているとされています。また、夫婦の離婚に際しては、子の監護に必要な事項の一つとして監護費用を定めることになっていますので（民766①）、夫婦の離婚後又はそもそも両親が婚姻していない場合には、この子の監護に必要な事項を定めるとの規定が両親の養育費分担の根拠となります。

「扶養料」という用語も民法には規定されていません。これは、親が子に対して負っている扶養義務（民877①）を根拠に、子が親に対して請求することができるとされています。

(3) 養育費・扶養料の内容の確認 ■■■■■■■■■■■■■■■■

養育費・扶養料として考えられるのは、子の衣食住等の生活費、子の教育費、子の医療費などになります。このうち、塾代、習い事代、私立学校の学費等が子の教育費に含まれるかが問題になることがあります。

いずれの費用も、養育費・扶養料に含まれるかどうか一概に判断することはできません。親の経済状態や社会的地位等、塾や習い事に行くことや私立学校に進学することに対する親の意見などに基づき、これらの費用が子の教育費に含まれるかどうかを判断していくことになります（4参照）。

2 養育費・扶養料負担の始期・終期の判断

(1) 始期の確認
　基本的に、養育費・扶養料負担の始期は請求された時となりますが、過去の養育費・扶養料が認められる場合もあります。
(2) 終期の確認
　養育費・扶養料の終期は、一般的には、その子が成熟した子として扱われるまでということになり、通常、子が20歳になるまでとされていますが、

未成熟子と未成年者は概念が異なりますので、注意が必要です。

(1) 始期の確認

　養育費・扶養料負担の始期については、過去の養育費・扶養料を請求できるかという問題として論じられてきました。

　この点に関しては、原則として、義務者が養育費・扶養料の支払義務を負うのは、権利者が義務者に対し養育費・扶養料の請求をした時からとなるため、過去の養育費・扶養料は請求できないとされていました。これは、養育費・扶養料負担の始期を請求時とすることが基準として明確であること、義務者の知らない間に養育費・扶養料を負担する債務が累積し、義務者にとって不測の負担を招くことなどを理由としています。

　しかし、この考え方では、義務者が養育費・扶養料の負担義務の履行を先延ばしにすることによって、その義務を免れることが可能となり、未成熟な子の保護に欠けることになってしまいます。

　そこで、近時は、基本的には、義務者が養育費・扶養料の支払義務を負うのは請求された時（一般的には「調停申立時」）としつつ、権利者からの請求の要件を緩和して（事情により「調停申立時」よりも遡らせます。）、一定程度の過去の養育費・扶養料の請求を認めるという考え方も認められてきています。

(2) 終期の確認

　未成熟な子とは、自己の資産又は労力で生活ができる能力のない者をいうとされています（東京高決昭46・3・15家月23・10・44）。そのため、子が自ら生活費を賄うことができるようになれば成熟した子として扱われます。したがって、養育費・扶養料の終期は、一般論としては、その子が成熟した子として扱われるまでということになり、通常、子が20歳になるまでとされています。

　ただ、未成熟な子と未成年者との概念は異なりますので、例えば、未成年者であったとしても、既に就労し自らの生活費を稼いでいる者は成熟した子ということになりますし、他方、成人に達したとしても自分だけでは生活できる能力がない子は未成熟な子ということになります。

　成人に達した未成熟な子としては、心身の障害などのため就労することができない

子や就学中のため働くことができない子が挙げられます。義務者が子の大学進学を認めている場合や家庭の事情（例えば、両親とも大学を卒業しているなど）によると、子の大学進学が当然と考えられる場合には、成人した大学生も未成熟な子として扱われます。ただ、日本の大学は通常4年制ですので、大学生が未成熟な子として扱われるのは、原則としてこの4年間に限られ、その期間を伸長するには、義務者の承諾がある場合か、義務者の収入が多く、子のために費用を負担することが社会通念上当然といえるような場合に限られます。

3 簡易算定表を用いた養育費・扶養料の算定

(1) 簡易算定表の使用方法の確認
　簡易算定表とは、より簡易かつ迅速に養育費等・婚姻費用額を算定することを目的に公表されたものであり、子の人数や年齢、義務者・権利者の年収を基に算出します。

(2) 会社員である場合の算定
　義務者・権利者が会社員である場合には、源泉徴収票の「支払金額」欄の数字を簡易算定表における年収とし、「給与」欄の数字を参照します。

(3) 自営業者である場合の算定
　義務者・権利者が自営業者である場合には、確定申告書の「課税される所得金額」に実際に支出していない費用を加算して簡易算定表における年収とし、「自営」欄の数字を参照します。

(4) その他の場合の収入の算定
　給与所得のほかに事業所得がある場合など、そのままでは簡易算定表を使用できない場合における収入の算定方法を確認します。

(1) 簡易算定表の使用方法の確認 ■■■■■■■■■■■■■■

◆簡易算定表とは
　簡易算定表とは、平成15年4月、それまで、家庭裁判所の実務において採用されてい

た養育費・婚姻費用額の算定の基本的な考え方を踏襲しながら、基礎収入額と生活費指数を標準化することによって、より簡易かつ迅速に養育費・婚姻費用額を算定することを目的に公表されたものです（東京・大阪養育費等研究会「簡易迅速な養育費等の算定を目指して－養育費・婚姻費用の算定方式と算定表の提案－」判例タイムズ1111号285頁）。

◆簡易算定表の使い方

簡易算定表の使い方は、東京家庭裁判所のサイトに掲載されています（http://www.courts.go.jp/tokyo-f/vcms_lf/santeihyo.pdf（2018.3.2））。

以下、簡易算定表の使用方法を簡単に説明します。

① 算定表の種類

算定表は、養育費と婚姻費用に分かれています。養育費と婚姻費用のそれぞれについて、子の人数（1～3人）と年齢（0～14歳と15～19歳の2区分）に応じて、利用する表が分かれています。

② 算定表の使用手順

㋐ 養育費と婚姻費用の別及び子の人数と年齢に従って使用する表を選択します。

㋑ いずれの表も、縦軸は養育費・婚姻費用を支払う側（義務者）の年収、横軸はそれらの支払を受ける側（権利者）の年収を示しています。義務者と権利者の年収を確認しますが、その際、給与所得者と自営業者とでは年収の算定の仕方が異なります（(2)・(3)参照）。

㋒ 給与所得者か自営業者かの区別に従って、選択した表の義務者及び権利者の年収を選びます。義務者の年収から右方向に線を伸ばし、さらに、権利者の年収から上方向に線を伸ばし、これらの二つの線が交差する欄の金額が義務者の負担すべき標準的な養育費・婚姻費用の月額になります。

なお、簡易算定表における年収にぴたりと当てはまる数字がない場合には、より近い年収の欄を選択します。例えば、給与所得者である義務者の年収が580万円の場合において、簡易算定表には575万円と600万円の欄がありますので、580万円に近い575万円の欄を選択します（附録参照）。

◆簡易算定表を使用する際の注意点

前述のとおり、簡易算定表は、より簡易かつ迅速に養育費・婚姻費用額を算定することを目的にしたものです。そのため、簡易算定表に基づき算出されるのは、あくまでも標準的な養育費・婚姻費用になります。この標準的な養育費・婚姻費用を算定する際に含まれていない個別事情については、改めて養育費、婚姻費用を算定する際に考慮する必要があります。つまり、簡易算定表により養育費・婚姻費用を算定するこ

第3章　養育費等・婚姻費用の算定　　49

とが著しく不公平といえるような「特別な事情」がある場合には、簡易算定表により算出された金額を加算又は減額することにより適切な養育費・婚姻費用を算定します。

この「特別な事情」については、4において解説します。

(2) 会社員である場合の算定

◆会社員の年収

会社員などの給与所得者は、勤務先から源泉徴収票が発行されます。会社員などの給与所得者は、この源泉徴収票の「支払金額」（控除されていない金額）欄の数字を簡易算定表における年収とします（【参考資料1】源泉徴収票の見方参照）。

◆具体的な算定手順

義務者・権利者が会社員である場合には、簡易算定表の「給与」欄の年収を選びます。

例えば、会社員である義務者の年収額が600万円、同じく会社員である権利者の年収額が300万円であり、10歳の子が1人いる夫婦の養育費を算定する手順は、次のとおりになります。

まず、簡易算定表のうち「表1　養育費・子1人表（子0～14歳）」を選択します。次に、「表1　養育費・子1人表（子0～14歳）」における義務者の「給与」欄の年収額600万円の欄から右方向に線を伸ばし、さらに、権利者の「給与」欄の年収額300万円の欄から上方向に線を伸ばし、これらの二つの線が交差する欄、つまり、「4～6万円」が義務者の負担すべき標準的な養育費の月額になります（【参考資料2】簡易算定表の使用例参照）。

(3) 自営業者である場合の算定

◆自営業者の年収

自営業者は、毎年確定申告を行います。自営業者は、基本的に、この確定申告書の「課税される所得金額」欄の数字を簡易算定表における年収とします。

なお、確定申告書の「課税される所得金額」は、税法上、種々の観点から控除された結果、算出されたものです。この税法上控除されたもののうち、実際に支出していない費用（①「雑損控除」、②「寡婦、寡夫控除」、③「勤労学生、障害者控除」、④「配偶者控除」、⑤「配偶者特別控除」、⑥「扶養控除」、⑦「基礎控除」、⑧「青色申告特別控除額」、⑨「専従者給与（控除）額の合計額」など）を「課税される所得金額」に

加算して年収を求めます（【参考資料3】確定申告書の見方参照）。

◆具体的な算定手順

　義務者・権利者が自営業者である場合には、簡易算定表の「自営」欄の年収額を選びます。

　例えば、自営業者である義務者の年収額が500万円、会社員である権利者の年収額が300万円であり、10歳と12歳の子がいる夫婦の養育費を算定する場合は、次のとおりになります。

　まず、簡易算定表のうち「表3　養育費・子2人表（第1子及び第2子0～14歳）」を選択します。次に、「表3　養育費・子2人表（第1子及び第2子0～14歳）」における義務者の「自営」欄の年収額500万円に一番近い493万円の欄から右方向に線を伸ばし、さらに、権利者の「給与」欄の年収額300万円の欄から上方向に線を伸ばし、これらの2つの線が交差する欄、つまり、「6～8万円」が義務者の負担すべき標準的な養育費の月額になります（附録参照）。

（4）　その他の場合の収入の算定

◆基礎収入の算定方法

　前述のとおり（(1)参照）、簡易算定表は、基礎収入額と生活費指数を標準化することによって、より簡易かつ迅速に養育費・婚姻費用を算定することを目的に考えられたものです。

　次のとおり、給与所得者と事業所得者では、総収入に対する基礎収入（養育費を算出する際の基礎となる収入）の割合が異なっているため、簡易算定表において年収を選ぶ際に、「給与」欄と「自営」欄が分かれています。

① 　給与所得者の基礎収入の算定

　　会社員などの給与所得者に関しては、その総収入（源泉徴収票の「支払金額」）から、公租公課（所得税、住民税及び社会保険料）、職業費及び特別経費（住居費、保健医療費及び保険掛金）を控除した金額を基礎収入とします。

　　統計資料に基づいて算出すると、給与所得者の場合、基礎収入は総収入の34％～42％の範囲内となっています。

② 　自営業者の基礎収入の算定

　　自営業者に関しては、その総収入（確定申告書の「課税される所得金額」に実際に支出していない費用を加算した金額）から、公租公課（所得税、住民税及び社会保険料）及び特別経費（住居費、保健医療費及び保険掛金）を控除した金額を基礎

収入とします。

　統計資料に基づいて算出すると、自営業者の場合、基礎収入は総収入の47％〜52％の範囲内となっています。

◆給与所得のほか事業所得もある場合

　義務者・権利者に給与所得のほか事業所得もある場合、上記の給与所得者及び自営業者の基礎収入の算定方法に基づいて、給与所得額又は事業所得額を他方の金額に換算し、それらを合算した金額を総収入として、簡易算定表を利用します。

　例えば、義務者に給与収入額が800万円、事業収入額が200万円ある場合には、義務者の総収入は以下のとおり計算します。

　今回は、事業収入額を給与収入額に換算します。簡易算定表において、事業収入の200万円は、概ね給与収入の275万円に換算されます（簡易算定表において、事業収入「199」万円と給与収入の「275」万円が隣り合って記載されています。）。そこで、この換算された275万円を給与所得額の800万円に加算し、合計1,075万円の給与所得額を前提に簡易算定表を利用します。

◆総収入が不明な場合

　例えば、義務者が収入に関する資料を提出しない場合、義務者の総収入を確定することができません。また、義務者が提出してきた収入に関する資料に信用性がない場合も、同様です。

　まず、権利者から聴取した事実（過去の収入、義務者の生活状況など）に基づいて、義務者の年収を推定することができる場合には、その推定した金額を義務者の総収入とします。

　権利者から聴取した事実から義務者の年収を推定することができないときには、賃金センサスに基づいて義務者の年収を推計して、義務者の総収入を認定する方法が採られることもあります。

◆権利者が児童手当等を受給している場合

　権利者が児童手当や児童扶養手当を受給している場合もあります。これらの手当は社会保障給付のため、権利者の年収に含める必要はありません。

◆義務者が働ける状況にあるのに働いていない場合

　義務者に収入がない場合には、基本的には、養育費を支払う義務はないという結論になります。しかし、義務者が働けるにもかかわらず、養育費を支払いたくないため、

わざと働かないような事情がある場合には、義務者の収入を賃金センサスなどにより推計することもあります（4(9)参照）。

◆権利者が働ける状況にあるのに働いていない場合
　権利者は女性であることが多く、小さい子がいるために働きたくても働けない場合があります。このようなケースにおいて、権利者の収入を推計することは妥当ではありません。
　例外的に、権利者は働けるはずということが明白な場合には、権利者の収入を推計することが許される場合もあります（4(9)参照）。

4　簡易算定表では算定できない場合の養育費・扶養料の算定

(1)　養育費算定の基本的な枠組みと計算式の確認
　養育費算定の基本的な枠組みは、義務者・権利者双方の総収入を基礎として、子が義務者と同居していると仮定して子に充てられるべき生活費を計算し、これを義務者・権利者の基礎収入の割合で按分し、義務者が支払うべき養育費を算定するというものです。

(2)　私立学校の学費等がある場合の算定
　簡易算定表は公立中学校・公立高等学校の学校教育費は考慮されていますが、私立学校の学費等は考慮されていないため、私立学校の学費から、年間平均収入に対する公立学校の学校教育費相当額を控除して学費等の不足額を算出し、これを義務者と権利者の基礎収入に応じて按分する方法があります。

(3)　他の被扶養者がいる場合の算定
　義務者に他の被扶養者がいる場合、その被扶養者の生活費指数を義務者と第三者との基礎収入で按分して算出し、義務者がその被扶養者と義務者と権利者との間の子のいずれも扶養するものとして、義務者と権利者との間の子の養育費を算定します。

(4)　離婚後に新しい家庭ができた場合の算定
　義務者は、権利者との間の子に加えて、義務者の再婚相手についても扶養義務を負いますので、義務者の再婚相手についても生活費指数に基づき

義務者が分担すべき生活費を計算し、権利者との間の子の養育費を算定します。

(5) 標準額を超える収入がある場合の算定
　義務者に標準を超える収入がある場合、養育費の算定方法について見解が分かれているため、注意が必要です。

(6) 住居費（住宅ローン）等がある場合の算定
　義務者が、権利者が居住している住宅の住宅ローンも支払っている場合における養育費の算定方法については、住宅ローンの額を特別経費として控除する方法があります。

(7) 権利者に有責性がある場合の算定
　権利者に婚姻関係の破綻の有責性が認められたとしても、養育費の額には影響を及ぼさないと考えられます。

(8) 義務者も子を監護している場合の算定
　子はいずれも権利者が監護していると仮定し、簡易算定表に基づき養育費を算定した後、権利者が監護する子に対する配分割合相当額を算出し、義務者の養育費の負担額を算定します。

(9) 無収入である場合の算定
　賃金センサスを用いるなどして収入を推計することになります。

(10) 子が4人以上いる場合の算定
　子が4人以上いる場合には、子の生活費指数を基に、個別に計算して養育費を算定します。

(11) 過去の分の養育費等がある場合の算定
　義務者が養育費・扶養料の支払義務を負うのは請求された時としつつ、権利者からの請求の要件を緩和して、一定程度の過去の養育費・扶養料の請求を認めるという考え方も出てきています。

(1) 養育費算定の基本的な枠組みと計算式の確認

　簡易算定表では養育費を算定できない特別の事情がある事案を検討するには、その前提として、養育費算定の基本的な枠組みや計算式を理解しておく必要があります。

◆養育費算定の基本的枠組み

　養育費算定の基本的な枠組みは、義務者・権利者双方の総収入を基礎として（総収入の算定方法は、3(2)・(3)を参照）、子が義務者と同居していると仮定して子に充て

られるべき生活費を計算し、これを義務者・権利者の基礎収入の割合で按分し（基礎収入の算定方法は、3 (4)を参照）、義務者が支払うべき養育費を算定します。

◆養育費算定の基本的な計算式（3段階の計算式）
① 義務者と権利者の基礎収入を計算します（3 (4)参照）。
　㋐ 給与所得者の場合
　　基礎収入＝総収入（3 (2)参照）× 0.34～0.42
　㋑ 事業所得者の場合
　　基礎収入＝総収入（3 (3)参照）× 0.47～0.52
② 子の生活費を計算します。

$$子の生活費 = 義務者の基礎収入 \times \frac{子の生活費指数}{義務者の生活費指数 + 子の生活費指数}$$

「生活費指数」とは、成人の必要とする生活費を「100」とした場合の子の生活費の割合を定めたものです。親を「100」とすると、15歳未満の子の生活費指数は「55」、15歳以上の子の生活費指数は「90」となります（附録【算定表の使い方】3参照）。
③ 義務者の分担額を計算します。

$$義務者の分担額 = 子の生活費 \times \frac{義務者の基礎収入}{義務者の基礎収入 + 権利者の基礎収入}$$

(2) 私立学校の学費等がある場合の算定

◆問題の所在
　簡易算定表においては、子の生活費指数を定めるに当たり（前述のとおり、親を「100」とすると、15歳未満の子は「55」、15歳以上の子は「90」となります。）、公立中学校、公立高等学校の学校教育費は考慮されていますが、私立学校の学費等は考慮されていません。
　しかし、私立学校の学費等は、義務者が子の私立学校への進学を承諾している場合や義務者の収入及び資産の状況等からすると、義務者に私立学校の学費等を負担させることが相当と認められる場合には、養育費の算定に当たり、私立学校の学費等を考慮することが必要になります。
　一般的に、公立学校より私立学校の方が学費等は高額になっていますので、義務者にどこまでこの私立学校の学費等の負担を求めることができるかが問題になります。

第3章　養育費等・婚姻費用の算定

◆**具体的な算定方法**

① 設　例

　　義務者の給与収入　　800万円

　　（義務者の基礎収入　800万円 × 0.34〜0.42 ＝ 272〜336万円）

　　権利者の給与収入　　300万円

　　（権利者の基礎収入　300万円 × 0.34〜0.42 ＝ 102〜126万円）

　　義務者と権利者との間の子（16歳、私立高校に在学中）を権利者が養育

　　私立高校の学費等　　年額96万円（月額8万円）

　　養育費　　簡易算定表「表2　養育費・子1人表（子15〜19歳）」8〜10万円

② 私立学校の学費から年間平均収入に対する公立学校の学校教育費相当額を控除する方法

　簡易算定表では、15歳未満の子の場合には公立中学校の子がいる世帯の年間平均収入に対する公立中学校の学校教育費相当額13万4,217円（月額1万1,185円）、15歳以上の子の場合には公立高等学校の子がいる世帯の年間平均収入に対する公立高等学校の学校教育費相当額33万3,844円（月額2万7,820円）が考慮されています（前掲判タ1111号290頁）。

　そこで、私立学校の学費から、上記年間平均収入に対する公立学校の学校教育費相当額を控除して学費等の不足額を算出し、これを義務者と権利者の基礎収入に応じて按分する方法があります。

　本設例の場合、義務者が権利者へ支払う養育費は次の計算で求められます。

＜学費等の不足額＞

　（私立学校の　　　　（公立高等学校の子がいる世帯の年間平均収入
　　学費等の月額）　　　に対する公立高等学校の学校教育費相当額）
　　　8万円　　　－　　　　　2万7,820円

　＝ 5万2,180円

＜義務者が負担する学費等の不足額＞

$$5万2,180円 \times \frac{272〜336万円（義務者の基礎収入）}{272〜336万円（義務者の基礎収入）＋102〜126万円（権利者の基礎収入）} ＝ 3.8万円$$

＜子の養育費＞

　（簡易算定表）
　　8〜10万円　＋　3.8万円　＝　11.8〜13.8万円

したがって、この計算方法によれば、本設例では、私立学校の学費等を考慮し義務者が権利者に対し月額11万8,000円〜13万8,000円の範囲で養育費を支払うことに

なります。
③ 生活費指数のうち教育費の占める割合を用いる方法

　前掲判夕1111号290頁に基づくと、子の生活費指数のうち教育費の占める割合は、15歳未満の子については生活費指数「55」に対し「13」、15歳以上の子については「90」に対し「32」となります。つまり、簡易算定表において得られた養育費の金額に、これら生活費指数における教育費の割合を乗じた額が公立学校の学校教育費相当額として既に考慮された金額となります。

　そこで、私立学校の学費等から、簡易算定表において考慮済みの額を控除して学費等の不足額を算出し、これを義務者と権利者の基礎収入に応じて按分する方法が考えられます。

　本設例の場合、義務者が権利者へ支払う養育費は、次の計算で求められます。

＜公立学校の学校教育費相当額＞

（簡易算定表）　　　　（生活費指数における教育費の割合）
8～10万円　×　$\dfrac{32}{90}$　＝　2.8～3.6万円

＜学費等の不足額＞

（私立学校の学費等の月額）
8万円　－　2.8～3.6万円　＝　4.4～5.2万円

＜義務者が負担する学費等の不足額＞

　　　　　　　　　（義務者の基礎収入）
4.4～5.2万円　×　$\dfrac{272～336万円}{272～336万円＋102～126万円}$　＝　3.2～3.8万円
　　　　　　　　（義務者の基礎収入）　（権利者の基礎収入）

＜子の養育費＞

（簡易算定表）
8～10万円　＋　3.2～3.8万円　＝　11.2～13.8万円

　したがって、この計算方法によれば、本設例では、私立学校の学費等を考慮し義務者が権利者に対し月額11万2,000円～13万8,000円の範囲で養育費を支払うことになります。

(3) 他の被扶養者がいる場合の算定

◆問題の所在

　義務者（夫）が権利者（妻）以外の女性（第三者）との間の子を認知した場合、義務者は認知した子に対しても扶養義務を負います。そこで、義務者が第三者との間の

第3章　養育費等・婚姻費用の算定　　57

子を認知した後、権利者と離婚した場合、義務者が権利者との間の子に対し支払うべき養育費がいくらになるのかが問題となります。

◆具体的な算定方法
① 設　例
　　義務者の給与収入　　800万円
　　（義務者の基礎収入　800万円 × 0.34～0.42 ＝ 272～336万円）
　　権利者の給与収入　　300万円
　　（権利者の基礎収入　300万円 × 0.34～0.42 ＝ 102～126万円）
　　権利者と義務者との間の子（10歳）を権利者が養育
　　第三者の給与収入　　200万円
　　（第三者の基礎収入　200万円 × 0.34～0.42 ＝ 68～84万円）
　　権利者と第三者との間の子（2歳）を第三者が養育

② 養育費の算定
　　義務者と第三者との間の子については、その子の生活費指数を義務者と第三者との基礎収入で按分して算出し、義務者がその子と義務者と権利者との間の子のいずれも扶養するものとして、義務者と権利者との間の子の養育費を算定します。

＜認知した子の生活費指数（義務者負担分）＞

$$55_{\text{（2歳の子の生活費指数）}} \times \frac{272\sim336万円_{\text{（義務者の基礎収入）}}}{272\sim336万円_{\text{（義務者の基礎収入）}} + 68\sim84万円_{\text{（第三者の基礎収入）}}} = 44$$

＜義務者と権利者との間の子の生活費＞

$$272\sim336万円_{\text{（義務者の基礎収入）}} \times \frac{55_{\text{（10歳の子の生活費指数）}}}{100_{\text{（義務者の生活費指数）}} + 55_{\text{（10歳の子の生活費指数）}} + 44_{\text{（認知した子の生活費指数）}}}$$

　　（年　額）
　　＝ 75.2～92.9万円

＜義務者と権利者との間の子の養育費＞
　　子の生活費を義務者と権利者の基礎収入で按分します。

$$75.2\sim92.9万円 \times \frac{272\sim336万円_{\text{（義務者の基礎収入）}}}{272\sim336万円_{\text{（義務者の基礎収入）}} + 102\sim126万円_{\text{（権利者の基礎収入）}}}$$

　　（年　額）
　　＝ 54.7～67.6万円

したがって、本設例では、義務者は権利者に対し、年額54万7,000円～67万6,000円（月額4.6～5.6万円）の範囲で養育費を支払うことになります。

(4) 離婚後に新しい家庭ができた場合の算定

◆問題の所在

義務者・権利者が離婚後に、新たな家庭を築いた場合には、義務者・権利者は扶養義務を負う相手が増えることになります。そこで、その扶養義務を負う相手が増えたことによって、義務者の負担する養育費に影響があるかが問題になります。

◆義務者が再婚した場合

① 義務者の再婚相手が無収入である場合

　㋐　設　例

　　義務者の給与収入　　600万円
　　（義務者の基礎収入　600万円 × 0.34～0.42 ＝ 204～252万円）
　　義務者の再婚相手　　無収入
　　権利者の給与収入　　200万円
　　（権利者の基礎収入　200万円 × 0.34～0.42 ＝ 68～84万円）
　　権利者と義務者との間の子（8歳）を権利者が養育

　㋑　養育費の計算

　　義務者は、権利者との間の子に加えて、再婚相手についても扶養義務を負います。そこで、義務者の再婚相手についても生活費指数に基づき義務者が分担すべき生活費を計算し、権利者との間の子の養育費を算定します。

　　なお、義務者の再婚相手の生活費指数は、生活保護基準によれば概ね「55」となるとされています（岡健太郎「養育費・婚姻費用算定表の運用上の諸問題」判例タイムズ1209号7頁）。

　　＜子の生活費＞

$$（義務者の基礎収入）204～252万円 \times \frac{55\,（子の生活費指数）}{100\,（義務者の生活費指数） + 55\,（再婚相手の生活費指数） + 55\,（子の生活費指数）}$$

　　＝ 53.4～66万円

　　＜子の養育費＞

　　子の生活費を義務者と権利者の基礎収入で按分します。

第3章　養育費等・婚姻費用の算定

$$
\begin{array}{c}
\text{(子の生活費)} \\
53.4\sim66万円
\end{array}
\times
\cfrac{
\begin{array}{c}
\text{(義務者の基礎収入)} \\
204\sim252万円
\end{array}
}{
\begin{array}{c}
204\sim252万円 \\
\text{(義務者の基礎収入)}
\end{array}
+
\begin{array}{c}
68\sim84万円 \\
\text{(権利者の基礎収入)}
\end{array}
}
$$

$$
\begin{array}{c}
\text{(年額)} \\
= 40.1\sim49.5万円
\end{array}
$$

　したがって、本設例では、義務者は権利者に対し、年額40万1,000円～49万5,000円（月額3.3～4.1万円）の範囲で養育費を支払うことになります。

　なお、義務者と再婚相手との間に子ができた場合には、その子の生活費指数（「55」又は「90」）を考慮し、義務者と権利者の間の子の生活費を算出し、義務者が負担すべき養育費を算定します。

② 義務者の再婚相手に十分な収入がある場合

　義務者の再婚相手に十分な収入がある場合には、再婚相手は自ら生活費を賄えていると考えられるので、再婚相手の生活費指数はゼロとして取り扱います。

　以下、計算式のみを示します。

＜子の生活費＞

$$
\text{義務者の基礎収入} \times \cfrac{\text{子の生活費指数}}{\text{義務者の生活費指数} + \text{子の生活費指数}}
$$

＜子の養育費＞

　子の生活費を義務者と権利者の基礎収入で按分します。

$$
\text{子の生活費} \times \cfrac{\text{義務者の基礎収入}}{\text{義務者の基礎収入} + \text{権利者の基礎収入}}
$$

③ 義務者の再婚相手に十分とはいえないが収入がある場合

　義務者の再婚相手に十分とはいえないが収入がある場合には、義務者の基礎収入に再婚相手の基礎収入を加算した上で、上記①の計算方法を用います。

　以下、計算式のみを示します。

＜子の生活費＞

$$
(\text{義務者の基礎収入} + \text{再婚相手の基礎収入}) \times \cfrac{\text{子の生活費指数}}{\text{義務者の生活費指数} + \text{再婚相手の生活費指数} + \text{子の生活費指数}}
$$

＜子の養育費＞

　子の生活費を義務者と権利者の基礎収入で按分します。

$$
\text{子の生活費} \times \cfrac{\text{義務者の基礎収入}}{\text{義務者の基礎収入} + \text{権利者の基礎収入}}
$$

◆権利者が再婚した場合

① 権利者の再婚相手と権利者の子が養子縁組をしていない場合

　権利者が再婚し、その再婚相手と権利者の子が養子縁組をしていない場合には、再婚相手は当然には権利者の子に対し扶養義務を負うものではありません。

　他方、義務者は、権利者との間の子及び再婚相手に対する扶養義務は負うことになります。

　以上を前提に、場合分けをして検討します。

㋐　権利者の再婚相手が無収入である場合

　権利者が再婚相手に対し扶養義務があることを考慮します。

＜権利者の基礎収入のうち権利者及びその子に割り当てられる分＞

$$権利者の基礎収入 \times \frac{権利者の生活費指数 + 子の生活費指数}{権利者の生活費指数 + 子の生活費指数 + 再婚相手の生活費指数}$$

＜子の生活費＞

$$義務者の基礎収入 \times \frac{子の生活費指数}{義務者の生活費指数 + 子の生活費指数}$$

＜子の養育費＞

　子の生活費を義務者の基礎収入と権利者の基礎収入のうち権利者とその子に割り当てられる分で按分します。

$$子の生活費 \times \frac{義務者の基礎収入}{義務者の基礎収入 + 権利者の基礎収入のうち権利者及びその子に割り当てられる分}$$

㋑　権利者の再婚相手に十分な収入がある場合

　権利者の再婚相手に十分な収入がある場合には、再婚相手は自ら生活費を賄えていると考えられるので、再婚相手の生活費指数はゼロとして取り扱います。

＜子の生活費＞

$$義務者の基礎収入 \times \frac{子の生活費指数}{義務者の生活費指数 + 子の生活費指数}$$

＜子の養育費＞

　子の生活費を義務者と権利者の基礎収入で按分します。

$$子の生活費 \times \frac{義務者の基礎収入}{義務者の基礎収入 + 権利者の基礎収入}$$

㋒　権利者の再婚相手に十分とはいえないが収入がある場合

　権利者の再婚相手に十分とはいえないが収入がある場合には、再婚相手の生活費指数のうち権利者が負担すべき分を算出した上で、上記㋐の計算方法を用います。

第3章　養育費等・婚姻費用の算定

<権利者が負担する再婚相手の生活費指数>

$$再婚相手の生活費指数 \times \frac{権利者の基礎収入}{権利者の基礎収入 + 再婚相手の基礎収入}$$

<権利者の基礎収入のうち権利者及びその子に割り当てられる分>

$$権利者の基礎収入 \times \frac{権利者の生活費指数 + 子の生活費指数}{権利者の生活費指数 + 子の生活費指数 + 権利者が負担する再婚相手の生活費指数}$$

<子の生活費>

$$義務者の基礎収入 \times \frac{子の生活費指数}{義務者の生活費指数 + 子の生活費指数}$$

<子の養育費>

子の生活費を、義務者の基礎収入と権利者の基礎収入のうち権利者とその子に割り当てられる分で按分します。

$$子の生活費 \times \frac{義務者の基礎収入}{義務者の基礎収入 + 権利者の基礎収入のうち権利者及びその子に割り当てられる分}$$

② 権利者の再婚相手と権利者の子が養子縁組をした場合

　㋐ 権利者の再婚相手が無収入の場合

　　権利者の再婚相手が権利者の子と養子縁組した場合に、その再婚相手は一次的に権利者の子を扶養する義務を負います（民818②・820）。しかし、権利者の再婚相手が無収入の場合には、再婚相手による扶養は期待できないため、実親である義務者が養育費を負担することになります。

<権利者の基礎収入のうち権利者及びその子に割り当てられる分>

$$権利者の基礎収入 \times \frac{権利者の生活費指数 + 子の生活費指数}{権利者の生活費指数 + 子の生活費指数 + 再婚相手の生活費指数}$$

<子の生活費>

$$義務者の基礎収入 \times \frac{子の生活費指数}{義務者の生活費指数 + 子の生活費指数}$$

<子の養育費>

子の生活費を義務者の基礎収入と権利者の基礎収入のうち権利者とその子に割り当てられる分で按分します。

$$子の生活費 \times \frac{義務者の基礎収入}{義務者の基礎収入 + 権利者の基礎収入のうち権利者及びその子に割り当てられる分}$$

　㋑ 権利者の再婚相手に収入がある場合

　　権利者の再婚相手に収入がある場合には、再婚相手の生活費指数のうち権利者

が負担すべき分を算出した上で、上記⑦の計算方法を用います。

＜権利者が負担する再婚相手の生活費指数＞

$$再婚相手の生活費指数 \times \frac{権利者の基礎収入}{権利者の基礎収入 + 再婚相手の基礎収入}$$

＜権利者の基礎収入のうち権利者及びその子に割り当てられる分＞

$$権利者の基礎収入 \times \frac{権利者の生活費指数 + 子の生活費指数}{権利者の生活費指数 + 子の生活費指数 + 権利者が負担する再婚相手の生活費指数}$$

＜子の生活費＞

$$義務者の基礎収入 \times \frac{子の生活費指数}{義務者の生活費指数 + 子の生活費指数}$$

＜子の養育費＞

子の生活費を義務者の基礎収入と権利者の基礎収入のうち権利者とその子に割り当てられる分で按分します。

$$子の生活費 \times \frac{義務者の基礎収入}{義務者の基礎収入 + 権利者の基礎収入のうち権利者及びその子に割り当てられる分}$$

(5) 標準額を超える収入がある場合の算定

◆問題の所在

　簡易算定表は、義務者の収入に関し、給与所得者は2,000万円、自営業者は1,409万円を上限として、権利者の収入に関しては、給与所得者は1,000万円、自営業者は710万円を上限としています。

　しかし、義務者又は権利者の収入がこれらの上限額を超える場合もあるため、その際の養育費の算定方法が問題となります。

◆考え方

　簡易算定表は、基礎収入に関し、給与所得者の場合は総収入の34％〜42％、自営業者の場合は総収入の47％〜52％との範囲としています。「基礎収入割合は収入によって変動し、所得が高額になるほど小さくなる」といわれています（菱山泰男・太田寅彦「婚姻費用の算定を巡る実務上の諸問題」判例タイムズ1208号28頁）。

　そこで、「年収2,000万円を超える高額所得者の場合は、基礎収入割合はさらに低くなると考えられるから、抗告人の職業及び年収額等を考慮して、抗告人の基礎収入割

第3章　養育費等・婚姻費用の算定

合を27パーセントとするのが相当」と判断した裁判例もあります（福岡高決平26・6・30判時2250・25）。

　そのほかに、養育費の性格からすると、子1人の養育費については、基本的には簡易算定表の上限額を上限とするという見解（岡・前掲判タ1209号8頁）や総収入から貯蓄率を控除して基礎収入を算出する方法を提案する見解（菱山・太田・前掲判タ1208号28頁）もあります。

(6)　住居費（住宅ローン）等がある場合の算定　■■■■■■■■■■

◆問題の所在

　3(4)に記載したとおり、簡易算定表においては、元々標準的な住居費が考慮されて基礎収入割合が決定されています。そのため、義務者が離婚後も権利者が居住する住宅のローンを支払っている場合には、義務者は自らの住居費のほか権利者の住居費まで二重に支払っていることになってしまいます。また、住宅ローンの額は、簡易算定表において考慮されている標準的な住居費よりも高額な場合が多く、義務者に過度の負担になると考えられます。

　もっとも、養育費が問題となるのは離婚時又は離婚後です。婚姻中に夫婦で購入した不動産の住宅ローンは、本来、離婚に伴う財産分与において清算されているはずですので、養育費の算定に当たっては住宅ローンを考慮する必要はないはずです。

　しかし、離婚に伴う財産分与が未了の場合や、不動産がオーバーローンの状態であるため離婚時に清算することができずに、義務者が離婚後も住宅ローンを支払っている場合には、養育費を算定する際に、義務者が支払っている住宅ローンを考慮することが適切なケースもあります。

　そこで、このような場合に、義務者が負担する養育費を算定する際に、義務者が支払っている住宅ローンをどのように取り扱うかが問題になります。

◆具体的な算定方法

① 設　例

　　義務者の給与収入　　800万円

　　（義務者の基礎収入　800万円 × 0.34〜0.42 ＝ 272〜336万円）

　　権利者の給与収入　　300万円

　　（権利者の基礎収入　300万円 × 0.34〜0.42 ＝ 102〜126万円）

　　権利者と義務者との間の子（10歳）を権利者が養育しています。

　　義務者が権利者に対し月額7万円の養育費を支払っています。

義務者と権利者は既に離婚していますが財産分与は未了です。義務者が権利者及び子が住んでいる住宅の住宅ローン月10万円（年額120万円）を支払っています。
② 　住宅ローンの額を特別経費として控除する方法
　　義務者が養育費のほかに、権利者が居住している住宅の住宅ローンも支払っている場合における養育費の算定方法については、住宅ローンの額を特別経費として控除する方法があります（岡・前掲判タ1209号9頁）。
　　住宅ローンの額を特別経費として控除する方法としては、以下の3つの計算方法が提案されています（岡・前掲判タ1209号9頁）。

◆住宅ローンの額を特別経費として控除する方法による場合の留意点
　住宅ローンの額を特別経費として控除する方法による場合には、控除する額（後述の③の方法では加算する額）は、住宅ローンの支払額から、簡易算定表において特別経費として考慮されている標準的な住居関係費を差し引いた額を上限とする必要があります。簡易算定表で考慮されている住居関係費は、総務省統計局の「家計調査年報」第四表「年間収入階級別一世帯当たり年平均1か月間の収入と支出（勤労者世帯）」に基づいて作成された資料2：「平成10～14年　特別経費実収入比の平均値」によって算出されています（前掲判タ1111号290頁）。この資料2：「平成10～14年　特別経費実収入比の平均値」において、義務者の収入は同表の「実収入」欄の額に照らして計算します。
　本設例では、年収800万円は月収約67万円になりますので、近似する「実収入」欄の「684,620」円の欄の住居関係費「64,027」円程度が考慮済みということになります。1,000円未満を四捨五入して6万4,000円とすると、本設例における住宅ローンの月額10万円からこの6万4,000円を控除した3万6,000円（年額43万2,000円）が控除できる額（又は加算できる額）の上限ということになります。
① 　総収入から住宅ローンの額を控除した額を総収入とする方法
　　＜義務者の収入＞
　　　（義務者の総収入）　　（控除できる住宅ローンの上限額）
　　　　800万円　　　－　　　　　43.2万円
　　＝　756.8万円
　　義務者の収入を756万8,000円、権利者の収入を300万円として、簡易算定表の「表1　養育費・子1人表（子0～14歳）」を適用すると、養育費は4～6万円ということになります。
　　したがって、この算定方法によると、義務者は権利者に対し、月額4～6万円の範囲で養育費を支払うことになります。

第3章　養育費等・婚姻費用の算定

② 総収入に基礎収入率を乗じて得られた額（基礎収入）から住宅ローンの額を控除して基礎収入を定め、標準的な生活費指数を用いて養育費を算定する方法

＜義務者の基礎収入＞

（義務者の基礎収入）　　（控除できる住宅ローンの上限額）
272～336万円　　－　　　43.2万円
＝ 228.8～292.8万円

＜子の生活費＞

$$228.8〜292.8万円 \times \frac{55\,(子の生活費指数)}{100\,(義務者の生活費指数) + 55\,(子の生活費指数)}$$

＝ 81.2～103.9万円

＜子の養育費＞

子の生活費を義務者と権利者の基礎収入で按分します。

$$81.2〜103.9万円 \times \frac{228.8〜292.8万円\,(義務者の基礎収入)}{228.8〜292.8万円\,(義務者の基礎収入) + 102〜126万円\,(権利者の基礎収入)}$$

（年　額）
＝ 56.2～72.6万円

したがって、この算定方法によると、義務者は権利者に対し、月額4.7～6.1万円（年額56.2～72.6万円）の範囲で養育費を支払うことになります。

③ 特別経費に住宅ローンの額を加算し基礎収入率を決め、総収入にこれを乗じて基礎収入を定め、標準的な生活費指数を用いて養育費を算定する方法

この方法による場合、義務者の特別経費が月3万6,000円（前述の加算できる住宅ローンの上限額）増加することになります。この増加額の義務者の月収67万円に対する割合は約5％となります（3万6,000円÷67万円）。そこで、標準的な基礎収入率34～42％からこの5％を控除して義務者の基礎収入率を29～37％として計算することになります。

＜義務者の基礎収入＞

800万円 × 0.29～0.37 ＝ 232～296万円

＜子の生活費＞

$$232〜296万円 \times \frac{55\,(子の生活費指数)}{100\,(義務者の生活費指数) + 55\,(子の生活費指数)}$$

＝ 82.3～105万円

＜子の養育費＞
子の生活費を義務者と権利者の基礎収入で按分します。

$$82.3～105万円 \times \frac{(義務者の基礎収入)\ 232～296万円}{\underset{(義務者の基礎収入)}{232～296万円} + \underset{(権利者の基礎収入)}{102～126万円}}$$

（年　額）
＝ 57.2～73.6万円

したがって、この算定方法によると、義務者は権利者に対し、月額4.8～6.1万円（年額57.2～73.6万円）の範囲で養育費を支払うことになります。

(7) 権利者に有責性がある場合の算定

◆問題の所在

義務者と権利者との婚姻が破綻したことに関し、権利者側に責任がある場合において、権利者が自ら婚姻関係を破綻させる原因を作っていながら、権利者から義務者に対し養育費の請求を認めることは信義則に反しないか又は権利濫用にならないかが問題となります。

◆考え方

確かに、婚姻費用の場合、権利者が自ら夫婦の協力義務に反していながら、義務者に対しては協力義務の履行を迫るのは信義則に反し、権利者が義務者に対し請求できる婚姻費用は、権利者が監護している未成熟子の養育費相当額まで減額されるべきと考える見解も多数あります（菱山・太田・前掲判タ1208号24頁）。

しかし、義務者と権利者が離婚した後に、権利者が義務者に請求する養育費には、権利者が監護する未成熟子の生活に必要な費用のみが対象となり、権利者自身の生活費は含まれていません。そのため、仮に、婚姻関係の破綻に有責であった権利者が義務者に対し養育費を請求したとしても、それを信義則に反すると考えるべきではありません。

したがって、権利者において婚姻関係の破綻に有責性が認められたとしても、養育費の額には影響を及ぼさないと考えるべきです。

（8） 義務者も子を監護している場合の算定

◆問題の所在

簡易算定表は、子が複数いる場合でも、権利者が全ての子を監護していることを前提として作成されています。そこで、複数の子が権利者と義務者に別れて監護されている場合における義務者が負担する養育費の算定方法が問題になります。

◆具体的な算定方法

① 設 例

　　義務者の給与収入　　800万円

　　（義務者の基礎収入　800万円 × 0.34〜0.42 ＝ 272〜336万円）

　　権利者の給与収入　　300万円

　　（権利者の基礎収入　300万円 × 0.34〜0.42 ＝ 102〜126万円）

　　権利者と義務者との間の子Ａ（6歳）は権利者、子Ｂ（15歳）は義務者が養育

② 養育費の計算

この場合には、まず、子は2人とも権利者が監護していると仮定し、簡易算定表に基づき養育費を算定した後、権利者が監護する子Ａ（6歳）に対する配分割合相当額を算出し、義務者の養育費の負担額を算定します。

＜子らの養育費＞

「表4　養育費・子2人表（第1子15〜19歳、第2子0〜14歳）」に基づき、子らの養育費は10〜12万円になります。

＜子Ａ（6歳）の配分額＞

$$10〜12万円 \times \frac{55\,(子Ａの生活費指数)}{55\,(子Ａの生活費指数) + 90\,(子Ｂの生活費指数)}$$

＝3.8〜4.6万円

したがって、本設例では、義務者は権利者に対し、月額3.8〜4.6万円の範囲で養育費を支払うことになります。

（9） 無収入である場合の算定

◆問題の所在

義務者に収入がない場合には、基本的には、養育費を支払う義務はないという結論になります。しかし、養育費を支払いたくないため、義務者がわざと働かないような

ときも、義務者に養育費を支払う義務がないとすることは不合理と思われます。

　他方、権利者に収入がないときには、基本的には、権利者の収入をゼロとして簡易算定表に基づき養育費を算定することになります。権利者は女性であることが多く、小さい子がいるために働きたくても働けない場合があるからです。しかし、権利者が働けるということが明白な場合にも収入をゼロとして養育費を算定することは、不合理と考えられます。

◆考え方

　現時点では働いていないが、実際には働けることが明らかである場合、つまり、潜在的に稼働能力が認められる場合には、賃金センサスを用いるなどして収入を推計することが相当です。

　ただ、本人の怪我や病気、未成熟子の監護、家族の介護等の理由から、稼動することが困難又は不可能な状況にある場合には、潜在的な稼働能力はないと判断すべきでしょう。

　また、義務者に収入がなくとも、多額の資産を有しているときには、養育費を分担すべきと判断される場合もあると考えられます。

（10）　子が4人以上いる場合の算定

◆問題の所在

　簡易算定表は、養育費に関し表1～9まであり、子が1人から3人いる場合を定めています。子が4人以上いる場合について、簡易算定表は用意されていませんので、その場合の養育費の算定方法が問題になります。

◆具体的な算定方法

① 　設　　例

　　義務者の給与収入　　1,000万円

　　（義務者の基礎収入　1,000万円　×　0.34～0.42　＝　340～420万円）

　　権利者の給与収入　　300万円

　　（権利者の基礎収入　300万円　×　0.34～0.42　＝　102～126万円）

　　権利者と義務者との間の子（6歳、10歳、13歳、16歳）を権利者が養育

② 　養育費の算定

　　子が4人以上いる場合には、子の生活費指数（15歳未満は55、15歳以上は90）を基に、個別に計算して養育費を算定します。

第3章 養育費等・婚姻費用の算定

<子らの生活費>

$$\text{(義務者の基礎収入)}\ 340\sim420\text{万円} \times \frac{\overset{\text{(子らの生活費指数)}}{55+55+55+90}}{\underset{\text{(義務者の生活費指数)}}{100}+\underset{\text{(子らの生活費指数)}}{55+55+55+90}}$$

$= 244.2 \sim 301.7$万円

<子らの養育費>

子の生活費を義務者と権利者の基礎収入で按分します。

$$244.2\sim301.7\text{万円} \times \frac{\overset{\text{(義務者の基礎収入)}}{340\sim420\text{万円}}}{\underset{\text{(義務者の基礎収入)}}{340\sim420\text{万円}}+\underset{\text{(権利者の基礎収入)}}{102\sim126\text{万円}}}$$

（年　額）
$= 187.8 \sim 232.1$万円

したがって、本設例では、義務者は権利者に対し、年額187.8万円～232.1万円（月額15.7～19.3万円）の範囲で養育費を支払うことになります。

(11) 過去の分の養育費等がある場合の算定

基本的には、義務者が養育費・扶養料の支払義務を負うのは請求された時（一般的には「調停申立時」）としつつ、権利者からの請求の要件を緩和して（事情により「調停申立時」よりも遡らせます。）、一定程度の過去の養育費・扶養料の請求を認めるという考え方も出てきています（2(1)参照）。

参考　日本弁護士連合会提言の新しい算定方式による算定

1　日本弁護士連合会による新算定方式・新算定表の提言

日本弁護士連合会（日弁連）は、平成28年11月15日、「養育費・婚姻費用の新しい簡易な算定方式・算定表に関する提言」を公表しました（以下「新算定方式」、「新算定表」といいます。）。

婚姻費用・養育費の算定に関しては、東京と大阪の裁判官が中心となった東京・大

阪養育費等研究会が、平成15年4月、算定の簡易化・迅速化を目指した養育費・婚姻費用の算定方式・算定表として、「簡易迅速な養育費等の算定を目指して―養育費・婚姻費用の算定方式と算定表の提案―」(判例タイムズ1111号285頁)を公表しました(以下「現算定方式」、「現算定表」といいます。)。現算定方式・現算定表は、その後、広く実務に定着していきました。最高裁も、現算定方式に基づいて算定された婚姻費用の分担額につき、その結果を是認しています(最決平18・4・26判タ1208・90)。

しかし、現算定方式・現算定表は、時代の変化への対応等が十分に検討されないまま硬直的に運用されるようになり、結果として、事案によっては養育費などが低く算定されて、母子家庭の貧困の一因になっている等の指摘がなされるようになりました。そこで、日弁連は、現算定方式・現算定表に代わる新たな算定方式・算定表の検討を開始し、平成24年3月15日に意見書を発表し、その後さらに検討を進めた結果、上記のとおり新算定方式・新算定表の公表に至ったものです。

新算定方式は、養育費・婚姻費用を算定する枠組みは変えずに、現算定方式を改良しようとするものです。そして、上記日弁連の提言では、「養育費等に関わる実務関係者は、新算定方式・新算定表を検証し、研究を重ねて養育費・婚姻費用の算定の改善に引き続き取り組むべきである。」と述べ(養育費・婚姻費用の新しい簡易な算定方式・算定表に関する提言第4 1)、養育費・婚姻費用の算定方法の更なる改善が期待されています。

現時点では、新算定方式・新算定表が現算定方式・現算定表に代わって実務に定着するか否かは未知数ですが、今後、実務に大きな影響を及ぼし得る提言ですので、以下では、その骨子を紹介します。

2 新算定方式の概要

新算定方式は、現算定方式と同様に、生活保持義務の理念に基づき、かつ、簡易迅速性・予測可能性を重視しています。

ただし、子の利益を最優先に考慮した結果、以下のとおり、基礎収入の算定がより実態に即したものとなり、子の年齢区分もよりきめ細やかになっています。

(1) 基礎収入の算出

給与所得者の基礎収入は、総収入から公租公課と職業費を控除して算出し、自営業者の基礎収入は、総収入から公租公課を控除して算出します。ただし、より簡易迅速に基礎収入を算出する必要がある場合には、平成27年の年収に基づく別表化された理論値(公租公課:給与所得者の総収入の17.08～34.31%、自営業者の総収入の

15.73～36.62％、職業費：給与所得者の総収入の9.11～15.29％）を用いることもできるとされています。

　なお、基礎収入の算出において、現算定方式では控除されていた特別経費（住居関係費、保健医療及び保険掛金）は、控除されません。

【基礎収入の算出式】

　　給与所得者

　　　基礎収入 ＝ 総収入 － 公租公課【実額又は理論値】－ 職業費【理論値】

　　自営業者

　　　基礎収入 ＝ 総収入 － 公租公課【実額又は理論値】

(2) 生活費指数の算出

　子の生活費指数は、現算定方式における2区分（0～14歳、15～19歳）から、新算定方式では以下のとおり4区分（0～5歳（未就学児）、6～11歳（小学生）、12～14歳（中学生）、15～19歳（高校生等））とされ、世帯員数によっても生活費指数が異なることとされました。

　なお、権利者の生活費指数も、世帯員数によって異なるものとされました。

【生活費指数】

権利者と同居する子の数	なし	子1人	子2人	子3人	子4人
親（義務者）	100	100	100	100	100
親（権利者）	100	69	57	47	41
子（0～5歳）	—	66	54	45	39
子（6～11歳）	—	69 / 72	57 / 60	48 / 50	42 / 45
子（12～14歳）	—	77 / 72	65 / 60	55 / 50	49 / 45
子（15～19歳）	—	83	71	62	56

(3) 養育費の算出

　養育費（A）の算出は、現算定方式と同様に、義務者の基礎収入（X）について、同程度の水準になるように子に振り分け（Z）、その子の分を義務者の基礎収入と権利者の基礎収入（Y）で按分した義務者分をもって算出します。

【養育費の算出式】

義務者の基礎収入から振り分けられる子の分の生活費（Z）
　　＝ X ×（β ÷（α ＋ β））
　　※α（＝100）は義務者の生活費指数、βは子の生活費指数

養育費（A）＝ Z × X ÷（X ＋ Y）

(4) 婚姻費用の算出

　婚姻費用（A）は、現算定方式と同様に、義務者の基礎収入（X）と権利者の基礎収入（Y）を合算し、これを権利者世帯の生活費指数と義務者の生活費指数とで按分して権利者世帯の生活費を算出し（Z）、次に、権利者世帯の生活費から権利者の基礎収入を控除して算出します。

【婚姻費用の算出式】

権利者世帯の生活費（Z）
　　＝（X ＋ Y）× γ ÷（α ＋ γ）
　　※αは義務者の生活費指数、γは権利者世帯の生活費指数

婚姻費用（A）＝ Z － Y

3 新算定表の概要

　新算定表も、現算定表の形式を踏襲し、横軸・縦軸ともに給与所得者と自営業者に分け、横軸を権利者の総収入、縦軸を義務者の総収入として表示されています。

　そして、子の人数については、現算定表と同様に0～3人とし、0～5歳（未就学児）、6～14歳（小学生・中学生）及び15～19歳（高校生等）の3つに区分して全39表が作成され、これにより、より実態に即した養育費を簡易迅速に算出することが可能となっています。

　なお、新算定表では、現算定表に基づく養育費も参照できるよう、統計資料を更新した現算定表に基づく養育費が表の枠外に併記されています（表のマスと同色に塗り分けられたマスを右上にたどっていき、表の枠外に記載された金額が現算定表に基づく金額となっています。）。

　また、新算定表は、生活保持義務の理念を重視し、子の利益を最優先に考慮した抽象的なものであって、個別的な事情がほとんど考慮されていないため、新算定表を利用して養育費を定める場合でも、各事案の個別的要素を考慮して、柔軟に対応することが望ましいと考えられます。

4　新算定方式・新算定表利用上の留意点

(1)　個別の修正を要する事情

　新算定方式・新算定表は、基本的に現算定方式・現算定表の考え方を踏襲していますので、現算定方式の下でも個別に検討されてきた、収入が不明の場合等の収入認定上の諸問題や、過大な住宅ローンの負担や私立学校費等の特別事情については、具体的事案に即した修正が必要となります。

(2)　最低生活費の配慮

　新算定表では、義務者の年収が200万円となる欄の上部に太線が引かれています。これは、義務者の生活費が最低生活費に満たない可能性がある場合に、最低生活費を下回る生活を義務者に強いることのないように促すためのものです。

(3)　基礎収入の算定等

　新算定方式・新算定表における基礎収入は、現算定方式・現算定表とは異なり、特別経費（住居関係費、保健医療及び保険掛金）が控除されていません。これらは養育費や婚姻費用の分担を通じて調整されることが念頭に置かれているため、総じて現算定方式・現算定表よりも高額となります。

　また、新算定方式においては、生活保持義務の理念を徹底した算定を目指しているため、権利者の収入が義務者の収入よりも高額である場合について、現算定方式による場合のような権利者の収入を義務者の収入と同一視するような修正は行われません。

第3章　養育費等・婚姻費用の算定

【参考資料1】　源泉徴収票の見方

第3章 養育費等・婚姻費用の算定

【参考資料2】 簡易算定表の使用例

表1 養育費・子1人表（子0〜14歳）

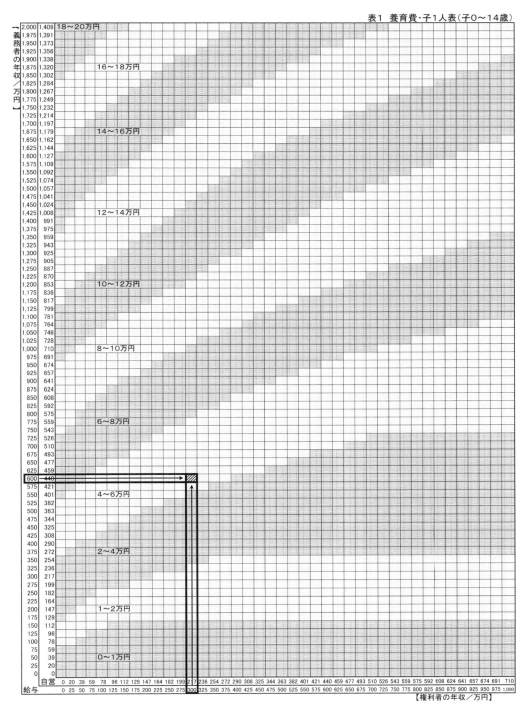

（東京家庭裁判所ウェブサイト掲載「養育費・婚姻費用算定表」を基に執筆者が独自に作成）

76　第３章　養育費等・婚姻費用の算定

【参考資料3】　確定申告書の見方

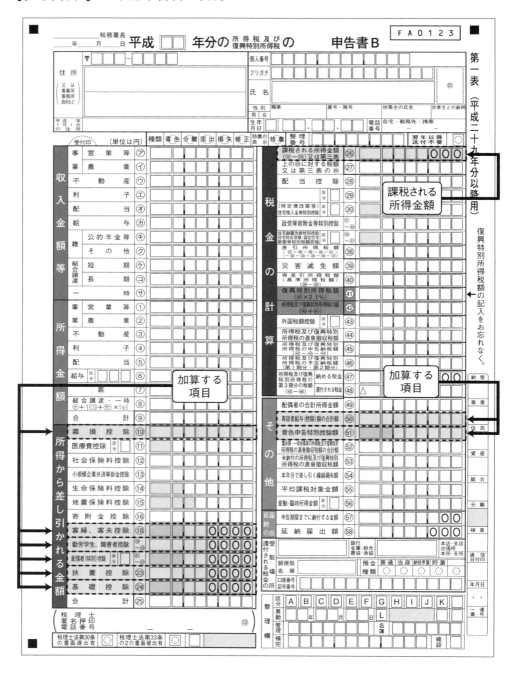

第3 婚姻費用の算定

＜フローチャート～婚姻費用の算定＞

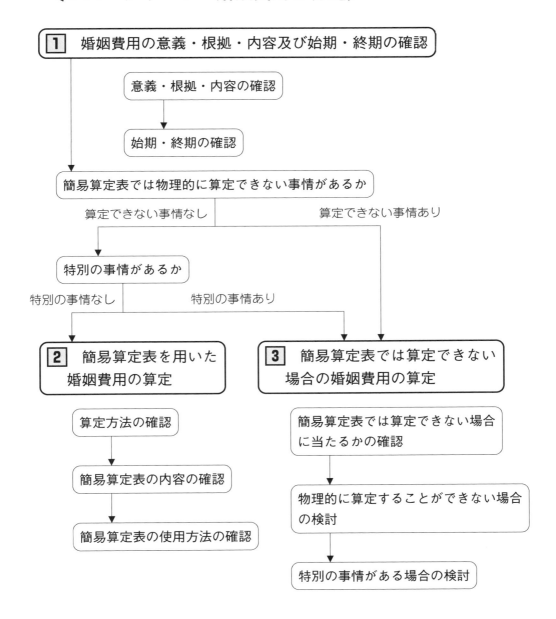

1 婚姻費用の意義・根拠・内容及び始期・終期の確認

> (1) 婚姻費用の意義・根拠・内容の確認
>   婚姻費用とは、夫婦が婚姻生活を維持するために必要な一切の費用をいい、夫婦が共に負担すべきもの（婚姻費用分担義務）とされています。
> (2) 婚姻費用分担の始期・終期の確認
>   婚姻費用分担の始期は、実務上、権利者が義務者に対し婚姻費用を請求した時点から婚姻費用の支払義務が生じるとされることが多く、終期は婚姻生活が終了する離婚成立時か、別居が解消されるまでとなります。

(1) 婚姻費用の意義・根拠・内容の確認

婚姻費用とは、「婚姻から生ずる費用」、すなわち、夫婦が婚姻生活を維持するために必要な一切の費用のことをいいます（民760）。

夫婦は、婚姻して共同生活を営むことになります。共働きであったり、子がいたりと、夫婦の共同生活の態様は様々ですが、いかなる態様であっても費用がかかります。この費用を婚姻費用といいます。

◆法的根拠

民法760条は、「夫婦は、その資産、収入その他一切の事情を考慮して、婚姻から生ずる費用を分担する」と規定しており、これが婚姻費用の法律上の根拠となります。

◆婚姻費用分担義務

夫婦間に、同居義務、協力扶助義務があることから（民752）、婚姻費用は、夫婦が共に負担すべきものとされています（民760）。すなわち、夫婦には、婚姻費用分担義務があり、その存否や金額が重要な問題となります。

◆婚姻費用分担義務の程度、内容

婚姻費用分担義務があるとしても、それがどの程度の義務を指すのでしょうか。また、そもそも婚姻費用には、どういったもの（内容）が含まれるのでしょうか。

まず、義務の程度については、自分と同程度の生活を保障する義務、すなわち、「生活保持義務」とされています。これは、自分の生活に余裕があれば援助する義務、す

なわち、「生活扶助義務」よりも負担の大きいものといわれています。この考え方に基づき、後で記載するとおり、婚姻費用分担義務の算定方式が決められています。

次に、婚姻費用の内容については、定義から明らかであるように、共同生活を維持する上で必要な一切の費用が含まれることになります。具体的には、家族の衣食住の費用はもちろん、出産費用、医療費、相当な交際費、子がいれば子の養育費、教育費等です。

◆養育費との違い

婚姻費用と養育費は、その法的根拠はもちろん、内容が異なります。すなわち、婚姻費用の法的根拠は、上記のとおり民法760条になりますが、養育費は、「子の監護に必要な事項」として民法766条を根拠にすることになります。

また、婚姻費用は、夫婦共同生活を維持する上で必要な一切の費用であるのに対し、養育費は、子が社会人として自立するまでに必要な費用をいいます。

前者は、夫婦が婚姻中であることを前提としており、逆に後者は、離婚後を前提としています。離婚後は、夫婦の一方に対する協力扶助義務がなくなるので、婚姻費用分担義務の額よりも養育費分担義務の額の方が低いことになります。

アドバイス

〇離婚事案における考慮要素としての婚姻費用

上記のとおり、一般的には、婚姻費用分担義務の額よりも、養育費分担義務の額の方が低くなります。

権利者としては、離婚後には、離婚前より義務者から受け取る金額が低くなり、離婚後の生活に不安を感じる場合には、離婚を躊躇するケースがあります。

他方で、義務者としては、権利者に支払う金額が低くなることになり、これが早く離婚を成立させようとするインセンティブになるケースがあります。

一概にはいえませんが、事案によって、婚姻費用が、離婚成立について、当事者にとって重要な考慮要素となり得ることを意識しておく必要があります。

---

(2) 婚姻費用分担の始期・終期の確認 ∎∎∎∎∎∎∎∎∎∎∎∎

◆婚姻費用はどういったときに問題となるのか

婚姻費用は、上記のとおり、夫婦が婚姻生活を維持する上で必要な一切の費用のこ

とをいうので、理論上、婚姻期間中は常に問題となり得ます。

しかし、夫婦関係が順調である期間、典型的には夫婦が同居し、共同生活を営んでいる期間は、婚姻費用が問題になることはさほど多くはありません。夫婦は世帯を共通とし、婚姻費用の分担も含めて夫婦間で（黙示的にせよ）合意がされていることが多いからです。

実際に婚姻費用が問題となるのは、夫婦関係が順調にいかなくなってから、典型的には、夫婦が別居した後が圧倒的に多いことになります。別居に至った後に、世帯が別となり、再度婚姻費用分担を決める必要が生じ、婚姻費用分担が問題になります。

◆始　期

では、夫婦が別居に至った場合、いつから婚姻費用の支払義務が生じることになるのでしょうか。

別居により、世帯を別とすることになった以上、別居時点から婚姻費用を支払わなければならない状態となり、その時点から婚姻費用支払義務が生じると考えることもできます。ただ、例えば、別居後に婚姻費用を義務者が支払っていない期間がある場合、別居後の全ての婚姻費用を、常に義務者が支払わなければならないとすると、義務者に相当の負担を課すことになり、公平の見地からやや疑問が生じます。また、権利者は、婚姻費用が支払われていなかったとしても、何とか生活することはできていたわけですから、常に権利者が支払を受けることができるとするのも、場合によっては不公平であるように思います（もちろん、権利者が相当苦しい思いをしているケースも多々あり、一概にいえるものではありません。）。

この点について、裁判例は、大きく分けると①別居時から義務が発生するという考え方と、②請求時から義務が発生するという考え方に分かれています。

①の考え方を採用した裁判例としては、東京高裁昭和42年9月17日決定（判時510・49）があり、婚姻費用分担義務の始期について、調停又は審判の申立て以前でも、その分担について紛争を生じた時に遡ってその分担を定め得るとしています。

他方で、②の考え方を採用した裁判例としては、東京高裁昭和60年12月26日決定（判時1180・60）があり、「婚姻費用分担義務の始期は、同義務の生活保持義務としての性質と両当事者間の公平の観点から考えれば、権利者が義務者にその請求をした時点と解すべき」と判示し、調停申立受理の月から支払義務を認めました。

実務上は、②の考え方を採用し、権利者が義務者に対し婚姻費用を請求した時点から、婚姻費用の支払義務が生じるとされることが多いです。この「請求した時点」と

いうのは、請求が外形的に顕著となる婚姻費用分担調停又は審判を申し立てた時点を指すことが多いですが、それ以前に、権利者が義務者に対して請求していたことが客観的に明らかである場合には、申立前の時点で認められることもあります。

アドバイス

○権利者から相談を受けた場合

　権利者から相談を受けた場合、まずは婚姻費用の支払の有無を確認するのが先決です。そこで、婚姻費用の支払を十分に受けていないと思慮される場合には、婚姻費用分担調停の申立てを検討すべきです。

　もちろん権利者が義務者に対して請求すれば、その時点から婚姻費用の支払義務が生じると判断されることもありますが、始期に争いが生じる可能性もあります。

　始期についての争いをなるべく生じさせることなく、早期に権利者が婚姻費用の支払を受けることができるようにするためには、婚姻費用分担調停の申立てが最も有効な手段といえるでしょう。

　なお、実務上、②の請求時から婚姻費用支払義務が発生するという考え方をとることが多いのは上記のとおりですが、そうであるからといって、請求以前の婚姻費用が全く認められる余地がないわけではありません。

　この点については、第4章第2②で詳述しています。

◆同居の場合、婚姻費用は一切問題とならないのか

　夫婦関係が順調である期間、典型的には夫婦が同居し、共同生活を営んでいる期間は、婚姻費用が問題になることはさほど多くはなく、実際に婚姻費用が問題となるのは、夫婦関係が順調にいかなくなってから、典型的には、夫婦が別居した後が圧倒的に多いと前述しました。

　しかし、何も別居まで至らない場合であっても、夫婦関係が順調にいっていないケースは多々あるのであって、いわゆる家庭内別居状態にあり、世帯を別とするケースも十分に想定されます。場合によっては、全く生活費をもらえないケースもあるでしょう。

　このような場合に、婚姻費用分担義務が問題とならないと解するのはあまりに不合理であることは明らかで、同居中であっても、婚姻費用分担が認められることになります。

◆終　期

　上記のとおり、婚姻費用は、夫婦が婚姻生活を維持する上で必要な一切の費用のことをいい、基本的には、夫婦が別居した後に問題となります。

　そこで、婚姻費用分担の終期については、婚姻生活が終了する離婚成立か、又は別居が解消されるまでとなります。

2　簡易算定表を用いた婚姻費用の算定

（1）　婚姻費用の算定方法の確認
　　婚姻費用は、原則として簡易算定表に基づいて算定します。
（2）　簡易算定表の内容の確認
　　世帯収入を権利者世帯の生活費と義務者世帯の生活費で按分し、義務者が権利者に支払う婚姻費用の額を表にまとめたものが簡易算定表となります。
（3）　簡易算定表の使用方法の確認
　　個々の事案に応じて、子の人数と年齢に従って、どの簡易算定表を用いるのかを判断します。

（1）　婚姻費用の算定方法の確認

　従前は、家庭裁判所において、実額を基に細かい作業を必要とする算定方式が採用されていました。

　しかし、婚姻費用や養育費は、生活のために必要な費用として、その算定の迅速性が特に求められるものであり、従前の算定方式ではこの迅速性の要求に対応することができませんでした。

　そこで、婚姻費用・養育費の算定の簡易化・迅速化を実現することを目的として、平成15年に東京・大阪養育費等研究会の「簡易迅速な養育費等の算定を目指して―養育費・婚姻費用の算定方式と算定表の提案―」（判例タイムズ1111号285頁）が発表されました。

それ以来、この算定方式及び簡易算定表に基づく算定が実務上定着しています。

簡易算定表は、算定方式に基づいて算出した結果を表にまとめたものであり、基本的にはこの認定幅の範囲内に収まることになるものとして、原則として簡易算定表に基づく算出がされます。

ただ、個別的事情によっては、簡易算定表によることが著しく不公平となるような特別な事情がある場合もあります。その場合には、算定方式に立ち返って計算することになります（3参照）。

(2) 簡易算定表の内容の確認

簡易算定表は、上記のとおり、算定方式に基づいて算出した結果を表にまとめたものです。

そこで、簡易算定表の仕組みを理解するには、算定方式の考え方を理解する必要があります。

算定方式は、婚姻費用・養育費の算定の簡易化、迅速化を実現することを目的として、これまで実額で認定した部分を、標準的な割合で推計処理する考え方に基づいています。

この考え方に基づき、婚姻費用については、義務者・権利者の基礎収入の合計額を世帯収入とし、その世帯収入を権利者世帯の生活費と義務者世帯の生活費で按分し、義務者が権利者に支払う婚姻費用の額を定めることとなります。

◆世帯収入の認定

基礎収入は、義務者・権利者双方の実際の収入金額を基礎として、そこから公租公課、職業費及び特別経費を標準的な割合で推定し控除することによって認定します。

　　基礎収入 ＝ 総収入 × 0.34〜0.42（給与所得者の場合）
　　　　　　　 総収入 × 0.47〜0.52（自営業者の場合）

そして、義務者と権利者の基礎収入の合計金額が世帯収入になります。

　　世帯収入 ＝ 義務者の基礎収入（X）＋ 権利者の基礎収入（Y）

◆権利者世帯に割り振られる婚姻費用

次に、実際の生活形態とは異なり、義務者と権利者、子が同居している状態をいわ

ば仮定し、義務者・権利者・子の生活費の指数に従って、権利者世帯に割り振られる婚姻費用を計算します。子の標準的な生活費の指数は、親を「100」とした場合、0歳から14歳までの子について「55」、15歳から19歳までの子について「90」としています。

権利者世帯に割り振られる婚姻費用（Z）
= 世帯収入（X ＋ Y）
× $\dfrac{\text{権利者世帯の生活費指数の合計}}{\text{権利者世帯及び義務者世帯の生活費指数の合計}}$

◆**義務者から権利者に支払うべき婚姻費用の分担額**

そして、権利者世帯に割り振られる婚姻費用から、権利者の基礎収入を差し引き、義務者から権利者に支払うべき婚姻費用の分担額を決定します。

義務者から権利者に支払うべき婚姻費用の分担額 ＝ Z － Y

以上の考え方に基づき、表にまとめたものが簡易算定表になります。

(3) 簡易算定表の使用方法の確認

簡易算定表は、簡易な算定式に基づいて算定される婚姻費用の分担額を2万円の幅をもたせて整理し、子の人数（0～3人）と年齢（0～14歳と15～19歳の2区分）に応じて作成されています。

まずは、個々の事案に応じて、子の人数と年齢に従って、どの簡易算定表を用いるのかを判断することになります。仮に、子が4人以上であるとか、年収が2,000万円以上の場合など簡易算定表で対応できない事案の場合には、算定方式に従って対応することとなります。

簡易算定表には、横軸と縦軸があり、横軸には権利者の総収入（年収）が、縦軸には義務者の総収入（年収）が記載されているため、その表の権利者及び義務者の年収欄を給与所得者か自営業者かの区別に従って選び出し、選んだ権利者の年収欄を上に、義務者の年収欄を右に伸ばし、両者が交差する欄の額が標準的な婚姻費用の額を示すことになります。

第3章　養育費等・婚姻費用の算定　　85

> ケーススタディ

Q　妻は、夫と5歳の子の3人で生活していたが、5歳の子を連れて別居を始めた。妻は、給与所得者（パート）で昨年度の源泉徴収票の収入が160万円、夫も給与所得者（正社員）で昨年度の源泉徴収票の収入が690万円である。
　　夫は、妻に対し、いくらの婚姻費用支払義務を負うことになるか。

A　権利者である妻の子は、1人で5歳なので、簡易算定表の「表11　婚姻費用・子1人表（子0～14歳）」を用いることになります。
　そして、権利者である妻の年収が160万円で、表の横軸上の「給与」欄の「175」よりも「150」に近いことから、「150」を基準にします。
　他方で、義務者である夫の年収が690万円で、表の縦軸上の「給与」欄の「675」よりも「700」に近いことから、「700」を基準にします。
　両者が交差するのは、月額「10～12万円」の枠内となります。
　基本的には、この枠内で婚姻費用支払義務を負うこととなります。

3　簡易算定表では算定できない場合の婚姻費用の算定

> (1)　簡易算定表では算定できない場合に当たるかの確認
> 　簡易算定表では対応できない場合に当たるかを確認します。
> 　物理的に算定することができない場合や特別の事情がある場合には各事案の個別的要素を考慮して算定します。
> (2)　物理的に算定することができない場合の検討
> 　物理的に算定できない場合は個々の事案に応じて処理方法を検討します。
> (3)　特別の事情がある場合の検討
> 　特別の事情がある場合は、個々の事案に応じて処理方法を検討します。

(1)　簡易算定表では算定できない場合に当たるかの確認　■■■■■■

簡易算定表は、あくまで標準的な婚姻費用の算定について、簡易化・迅速化を実現

することを目的とするものであって、最終的には各事案の個別的要素をも考慮して定めることになります。

ただし、個別的要素といっても、通常の範囲のものは簡易算定表の額の幅の中に既に考慮がされているのであり、この幅を超えるような額の算定を要する場合は、この簡易算定表によることが著しく不公平となるような特別の事情がある場合に限られるものとされています。

また、簡易算定表は、子の人数（0～3人）や収入を基にしたものであり、例えば子が4人以上いる場合や、収入が簡易算定表を超える場合には、物理的に算定することができません。

以上より、原則としては、簡易算定表で対応することができ、かつ、すべきであることを踏まえつつ、例外的に、個別の事案によっては、物理的に算定することができない場合（(2)）や、簡易算定表によることが著しく不公平となるような特別の事情がある場合（(3)）には、簡易算定表では対応できないこともあると理解しておく必要があります。

(2) 物理的に算定することができない場合の検討

物理的に算定することができない場合について、例えば、①子が4人以上の場合、②義務者の年収が2,000万円を超える場合、③義務者、権利者双方が子をそれぞれ監護している場合等があります。

◆子が4人以上の場合

簡易算定表は、子が3人までの場合を想定したものであって、子が4人以上の場合、簡易算定表に当てはめることはできません。

そこで、算定の基礎、すなわち、算定方式（ 2 (2)）に戻って計算することが必要となります。

例えば、義務者（給与取得者）の年収が800万円、権利者（給与所得者）の年収が100万円、14歳以下の子4人を権利者が監護している場合、次のようになります。

① 世帯収入

　義務者の基礎収入（800万円 × 0.36）＋ 権利者の基礎収入（100万円 × 0.42）

　＝ 330万円

第3章　養育費等・婚姻費用の算定

② 権利者世帯に割り振られる婚姻費用

世帯収入（330万円） × $\dfrac{100 + 55 + 55 + 55 + 55}{100 + 100 + 55 + 55 + 55 + 55}$

= 約251万円

③ 義務者から権利者に支払うべき婚姻費用の分担額

権利者世帯に割り振られる婚姻費用（約251万円） － 権利者の基礎収入（42万円）

= 約209万円

これを1か月分に引き直すと、

約209万円 ÷ 12 = 約17万4,000円となります。

◆義務者の年収が2,000万円を超える場合

簡易算定表は、義務者の収入について、給与取得者の場合は2,000万円以下、自営業者の場合は1,409万円以下の場合を想定したものであって、これらを超える場合、簡易算定表にそのまま当てはめることができません。

そこで、算定方式に戻って計算することが必要になりますが、基礎収入の算定に当たって二つの問題が生じます。

まず一つ目は、給与所得者として、2,500万円の収入を得ているとして、かかる金額をそのまま基礎収入の算定基礎としてよいか、二つ目は、基礎収入割合を算定方式のとおり、0.34～0.42（給与所得者の場合）や0.47～0.52（自営業者の場合）としてよいかという問題です。

一つ目の問題について、婚姻費用が、自分と同程度の生活を保障する義務、すなわち、「生活保持義務」であることを踏まえると、実際の収入額を算定基礎とすべきとも考えられます。他方で、高額の収入を得ている場合は、実際の収入額全額を使用することはあまりなく、実際の収入額を算定の基礎とすると、権利者が義務者よりも裕福な生活を送ることになり得ます。

二つ目の問題についても、算定方式の基礎となる基礎収入割合が小さくなるものと想定され、算定方式の予定している基礎収入割合をそのまま用いることが妥当でない場合があります。

実務上、確立している部分ではありませんが、これまでの生活実態などの個別の事情を踏まえ、個々の事案に応じて、基礎収入を算定する必要があります。

◆義務者、権利者双方が子をそれぞれ監護している場合

簡易算定表は、権利者が子を監護している場合を想定したものであって、義務者が、

権利者とは別に子を監護している場合、簡易算定表にそのまま当てはめることができません。

そこで、算定方式に戻って計算することが必要になります。

例えば、義務者（給与取得者）の年収が800万円、権利者（給与所得者）の年収が100万円、権利者、義務者がそれぞれ子を一人ずつ監護している場合、次のようになります。

① 世帯収入

義務者の基礎収入（800万円 × 0.36）＋ 権利者の基礎収入（100万円 × 0.42）
＝ 330万円

② 権利者世帯に割り振られる婚姻費用

世帯収入（330万円）× $\dfrac{100 + 55}{100 + 100 + 55 + 55}$
＝ 165万円

③ 義務者から権利者に支払うべき婚姻費用の分担額

権利者世帯に割り振られる婚姻費用（165万円）－ 権利者の基礎収入（42万円）
＝ 123万円

これを1か月分に引き直すと、

123万円 ÷ 12 ＝ 約10万3,000円となります。

(3) 特別の事情がある場合の検討 ■■■■■■■■■■■■■

特別の事情がある場合を大きく分けると、①住居費（住宅ローン）に関する事情、②その他債務に関する事情、③有責性に関する事情があります。

◆住居費（住宅ローン）に関する事情

① 基本的な考え方

権利者が子を連れて自宅を出て行き、義務者に対して婚姻費用を請求する場合、義務者は、婚姻後に購入した自宅に継続して住み続け、住宅ローンを支払うという事案はそう珍しいものではありません。

このような事案において、婚姻費用の算定に当たって、当然に、住宅ローンの負担が考慮され、例えば、住宅ローンの全額又は一部が差し引かれるわけではありません。

なぜなら、簡易算定表、そしてその基となる算定方式は、平均的な住居関係費を考慮しており、また、その平均的な部分を超える点については、共有不動産である自宅という資産形成の観点から財産分与として処理すべきものと考えられているからで

す。

　基本的には、住宅ローンがあったとしても、あくまで簡易算定表の中で処理すべきであり、簡易算定表の額の幅の中で考慮がされるにとどまるものといえます。

② 例外的に特別の事情として考慮すべき場合

　とはいえ、例えば、義務者が権利者と居住していた自宅を出て行き、賃貸物件を借りて賃料を負担する一方、権利者が居住している自宅の住宅ローンを負担している場合には、義務者の二重負担となります。かかる二重負担まで、簡易算定表、算定方式は考慮しておらず、例外的に特別の事情として考慮される必要があります。

　この場合であっても、住宅ローン額全額が常に考慮されるというわけではなく、あくまで「公平の観点からその過大なローン支払額を全額控除するのではなくて、通常の住居関係費相当部分というものを評価してその限度で控除する、といったような解決があり得る」（東京弁護士会弁護士研修センター運営委員会編『平成16年度春季　弁護士研修講座』13～14頁（商事法務、2004））とされています。

　すなわち、当然に住宅ローン全額が控除されるとすると、婚姻費用額が不当に低くなり、権利者の生活維持が困難となる可能性があるため、公平の観点からの調整が必要になるということです。

　では具体的に、「通常の住居関係費相当部分というものを評価してその限度で控除する」とはどういうことでしょうか。

　この点については、様々な考え方があります（岡健太郎「養育費・婚姻費用算定表の運用上の諸問題」判例タイムズ1209号9頁以下）。

　婚姻費用の場合、大きく分けると、㋐ローン支払額を特別経費として考慮する方法と㋑算定表による算定結果から一定額を控除する方法があります。

　㋐　ローン支払額を特別経費として考慮する方法

　　ⓐ　総収入から住宅ローンの支払額を控除した額を総収入とみて算定表を適用する方法

　　ⓑ　総収入に基礎収入率を乗じて得られた額から住宅ローンの支払額を控除して基礎収入を算定し、標準的な生活費指数を用いて分担額を算定する方法

　　ⓒ　住宅ローンの支払額を特別経費に加算して基礎収入率を決め、総収入にこれを乗じて基礎収入を算定し、標準的な生活費指数を用いて分担額を算定する方法

　　なお、いずれの方法においても、住宅ローンの支払額から、簡易算定表にて考慮済の標準的な住居費（東京・大阪養育費等研究会「簡易迅速な養育費等の算定を目指して―養育費・婚姻費用の算定方式と算定表の提案―」判例タイムズ1111号294頁）を差し引いた額を控除する額（上記ⓒの方法の場合には加算する額）の上限とする必要があり

ます。詳しくは、**本章第2④(6)◆住宅ローンの額を特別経費として控除する方法による場合の留意点**を参照してください。

㋑ 算定表による算定結果から一定額を控除する方法

岡・前掲判タ1209号9頁以下では、以下の算定表による算定結果から一定額を控除する方法も紹介されています。

ⓐ 権利者世帯の住居関係費相当額を控除する方法

ⓑ ローン支払額の一定割合を控除する方法

◆その他債務に関する事情

債務といっても、さまざまな種類があり、これを一様に論じることはできません。

例えば、婚姻生活を維持するために必要な債務を義務者が負っている場合には、権利者も一定の負担を負うべきであり、婚姻費用の中で考慮されるべきと考えられます。この場合には、債務のうち、月額支払分の一定割合を権利者が負担することを前提に算出し得ます。

他方で、婚姻生活の維持とは全く関係なく、単なる遊興費のような債務を義務者が負っている場合には、権利者が一定の負担を負う必要はなく、婚姻費用の中で考慮されるべきものではないと考えられています。

◆有責性に関する事情

義務者から、権利者が一方的に別居を開始した、又は権利者が不貞に及んだなどの理由を挙げ、別居や夫婦関係破綻の原因は権利者にあるから婚姻費用を支払いたくないという相談を受けることも少なくありません。そこで、別居原因や夫婦関係破綻の有責性は、婚姻費用の算定に当たり考慮されるべき事項であるかが問題となります。

簡易算定表は、簡易化・迅速化を実現することを目的とするものであって、また、通常の範囲のものは簡易算定表の額の幅の中に既に考慮がされています。別居原因や夫婦関係破綻の有責性を考慮するとなると、審理に時間と労力を要することとなり、簡易化・迅速化を実現することができなくなります。また、別居原因や夫婦関係破綻の有責性は、慰謝料の要素として、離婚調停・訴訟において審理、考慮されるものであって、婚姻費用の中で必ずしも考慮する必要があるものではありません。

したがって、一般的には、婚姻費用の算定に当たり、当然に考慮されるべき事項であると考えられているわけではありません。

ただし、夫婦の同居・協力義務（民752）に違反しておきながら、婚姻費用の支払を認めることが適切な判断ではないケースは十分に考えられます。

第3章　養育費等・婚姻費用の算定

　実際に、別居中の妻が夫に対して婚姻費用の分担を申し立てた事案で、別居の主な原因が妻の不貞行為にあるときは、妻と同居している未成年の子に対する実質的な監護費用に相当する部分を除いた妻自身の生活費に相当する部分については、申立てが権利濫用（民1③）として許されないと判示した裁判例があります（東京家審平20・7・31家月61・2・257）。

　この裁判例は、不貞の客観的証拠がある等、一方の有責性が明白であり、審理に時間を要する必要がない場合に、考慮されると判断したものと考えられます。

ケーススタディ

Q　妻は、突然子を連れて出て行った。子に会わせてほしいと言っても、まだ子が小さいからといって理由をつけられ、会わせてもらえない。それにもかかわらず、婚姻費用だけを請求してくる場合、妻の要求に応じて婚姻費用を支払わなければならないか。

A　婚姻費用と面会交流は全く別問題であり、連動させることはないという考えが一般的です。

　義務者の心情はもっともですが、義務者としての義務を尽くし、権利者に面会交流の重要性を理解してもらうよう努力することが必要です。

　子にとって、権利者、義務者がお互いに役割を全うすることが大切です。

第 4 章

養育費・扶養料、
婚姻費用の請求手続

第1 養育費・扶養料の請求手続

<フローチャート～養育費・扶養料の請求>

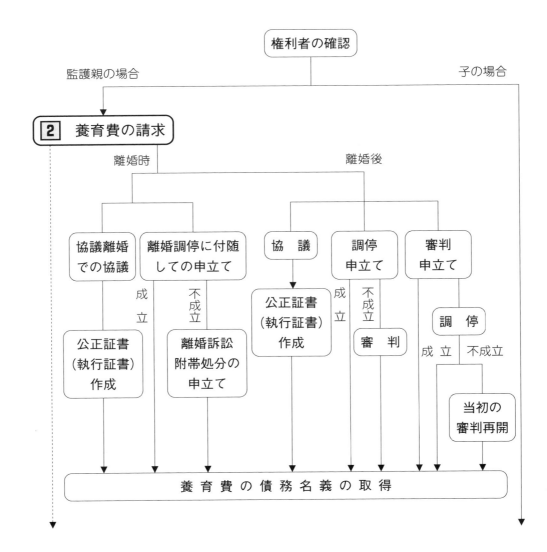

3 扶養料の請求

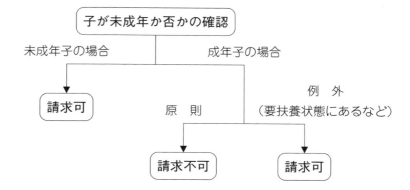

4 過去の養育費（扶養料）の請求

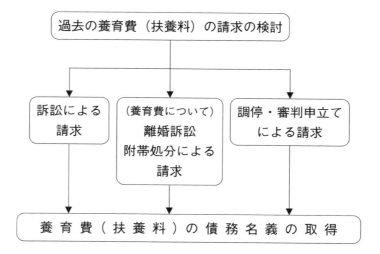

1 養育費の支払方法の確認

> (1) 定期金支払の選択
>   定期金での支払が原則です。
> (2) 一括支払の選択
>   当事者間で合意ができれば、一括支払も可能です。

(1) 定期金支払の選択 ■■■■■■■■■■■■■■■■■■■■■■■■■

養育費は、別居後の子の扶養義務に基づき、子の日々の生活のために支払われるべきものですから、性質上、定期的に支払われるのが原則です。

(2) 一括支払の選択 ■■■■■■■■■■■■■■■■■■■■■■■■■

協議や調停で、当事者間に合意が成立すれば、一括支払も可能です。ただし、養育費は、その定期金としての本質上、月ごとに具体的な養育費支払請求権が発生するものであることを前提としている審判例（東京家審平18・6・29家月59・1・103）があるため、審判に移行した場合には、特段の事情のない限り、一括支払は認められない可能性が高いと思われます。

【ケーススタディ】

Q 養育費の支払方法を一括支払の方法にして、一括で支払ってもらい調停離婚したが、養育費を使い切ってしまった場合、更に養育費を請求できるか。

A 一括支払の合意が事後の請求を許さない趣旨である場合には、養育費を更に請求することはできないようにも解されます。しかし、民法880条は、協議又は審判で扶養の程度や方法を定めた後に事情の変更が生じた場合には、先にされた協議又は審判を変更することができる旨規定しているため、調停の成立後に、調停時には予見できなかった事情の変更が生じたことにより、調停で定めた養育費の額

が事件本人の生活の事情に適さなくなり、新たに養育費を定めるべき相当な事情が生じた場合には、養育費の請求が許されるとされています（東京高決平10・4・6家月50・10・130）。

そのように解すると、調停時に予見できた場合については、養育費の請求は認められないことになります。例えば、受領した養育費を計画的に使用すれば高等教育を受けさせることが可能であったにもかかわらず、私立の小学校及び学習塾に通わせるなどして早晩養育費を使い果たすことが予測できる場合などは、予見できなかったとはいえず、養育費の請求は認められないでしょう（東京高決平10・4・6家月50・10・130）。

依頼者が、相手方の経済状態の変動等に対する不信感から、一括支払を望む場合が少なからずありますが、特に子の年齢が低いケースの場合など、一括支払のメリットとデメリットを慎重に検討する必要があります。

2 養育費の請求

（1） 離婚時の請求
　協議離婚の場合は、離婚の協議とともに養育費分担の協議をします。
　離婚調停の場合は、付随申立てとして養育費を請求します。
　離婚訴訟の場合は、附帯処分の申立てとして養育費を請求します。
（2） 離婚後の請求
　協議又は調停・審判の申立てによる請求を検討します。

（1） 離婚時の請求 ■■■■■■■■■■■■■■■■■■■■■■■

離婚時に、離婚とともに、監護親・非監護親間での、養育費の分担の取決めをします。

請求の方法としては、協議離婚の場合には、離婚の協議とともに、養育費分担の協議もします。その際、離婚の合意だけでなく、養育費についても合意ができた場合には、公正証書（執行証書）によって養育費の合意をすると、債務名義となり、養育費

の不履行が生じた場合には、後述する調停や訴訟によった場合と同じように強制執行が可能となります。

　裁判手続によるものとして、離婚調停を申し立てた場合には、付随申立てとして、養育費を請求し、離婚訴訟による場合には、附帯処分の申立てとして養育費を請求します。離婚が成立し、養育費についての合意の成立又は支払を命じられた（判決の場合には、判決の確定が必要です。）場合には、債務名義となり、その一部が不履行となった場合には、強制執行が可能となります。例えば、給料債権等に差押えをすることにより、養育費の支払を継続的に受けることが可能となります。

【参考書式2】　夫婦関係調整（離婚）調停申立書

(2)　離婚後の請求

　離婚した後でも、監護親は、非監護親に対し養育費の請求ができます。

　当事者間で、養育費の分担の協議ができるのであれば、協議をし、養育費についての分担の合意ができた場合には、公正証書（執行証書）によって養育費の合意をすると、債務名義となります。養育費につき不履行がある場合には、(1)の離婚時の請求で述べたところと同様に、強制執行ができます。

　一方、当事者間で、養育費の分担について協議ができない場合には、裁判手続によることとなります。監護親は、非監護親に対し養育費の分担の調停を申し立てるか、又は養育費の分担の審判の申立てをするか、どちらかの手続を選択することができます。ただし、審判の申立てをし、家事審判の手続が開始された場合であっても、裁判所は、調停に付すことができますので（家事274①）、調停に付された場合は、調停で手続が進められていくことになります。調停で合意が成立しなかった場合には、当初申し立てた審判の手続が進められることになります。実務上は、審判を申し立てても調停に付されることが多いと思われます。また、当初から調停を申し立てても、調停で合意できなかった場合には当然に審判に移行し、審判で判断されることになります（家事272④）。

　調停又は審判により養育費につき合意が成立した場合又は支払が命じられた場合（審判の確定が必要です。）は、債務名義となり、養育費の支払義務に不履行がある場合には、強制執行により養育費の支払を受けることが可能となるのは、離婚時の請求の場合と同じです。

【参考書式3】　子の監護に関する処分（養育費請求）調停申立書

3 扶養料の請求

（1） 子（未成年子）からの扶養料請求
　直系尊属である親は未成年子（未成熟子）に対し扶養義務を負うため、未成年子は親に対して扶養請求をすることができます。
　また、監護親・非監護親間で養育費の取決めがなされていても、扶養請求が認められる場合もあります。
（2） 扶養料の金額の算定
　簡易算定表を参考にして扶養料の金額を算定することができます。
（3） 子（成年子）からの扶養料請求の可否判断
　扶養請求は、未成年子によるものが通常ですが、成年子でも要扶養状態にある場合など、一部認められる場合があります。

（1） 子（未成年子）からの扶養料請求　■■■■■■■■■■■■■

　養育費は、監護親から非監護親に対し請求できるだけでなく、未成熟子から、非監護親に対し扶養料として請求することもできます。直系血族は、互いに扶養義務を負っているので（民877）、直系尊属である親は未成熟子に対し扶養義務を負い、未成熟者である未成年子は、親に対し扶養請求をすることができることになるからです。未成熟子とは、通常は未成年子を指し、この場合は、子の親権者（監護者）が法定代理人として、非監護親に対し扶養料を請求することになります。

　また、既に、監護親・非監護親間で養育費の取決めがなされていても、さらに、未成年子が非監護親に対して、扶養料として請求することが認められる場合もあります。離婚等請求事件において、父が母に子の養育費を支払う旨の和解が成立した後に、子が、非監護親の父に対して、扶養料の請求をした審判事件で、和解は父母間で成立したものであり、父と子との間に直接の権利義務を生じさせるものではないため、子との関係で拘束力を生じさせず、扶養料算定の際に斟酌される一事情にすぎないとして、未成年子に対する扶養料の支払を命じた裁判例があります（仙台高決昭56・8・24家月35・2・145）。

(2) 扶養料の金額の算定

扶養料の金額の算定方法については、実費方式、標準生計費方式、労研（労働科学研究所）方式、生活保護基準方式などが提唱されていますが、いずれも一長一短があり、諸事情を考慮した上での諸方式の使い分けが必要であるとされていました。

現在では、簡易算定表を参考にして算定することが多くなっています（第3章第2③）。

(3) 子（成年子）からの扶養料請求の可否判断

親の子に対する扶養は、通常、未成熟子である未成年子に対する扶養です。

しかし、成人しても、大学在学中であり稼働していないなど、要扶養状態にあるケースは多々あります。このようなケースにおいて、養育費の取決めの際に、養育費の終期を「子が成人に達する日の属する月まで」ではなく、例えば「大学を卒業する日の属する月まで」と合意することができていれば、子も安心して、大学進学等の準備ができます。しかし、取決めの時点で、子の年齢が小さい場合など大学進学等があまり現実性をもっていない場合等において、大学進学について同意し、養育費の終期を大学卒業時とする合意はなかなか難しいところがあり、終期は子が成人に達する日の属する月までとすることが少なくないと思われます。

そこで、大学在学中の成年子は、未成熟子であるとして、子から非監護親に対して扶養請求をするということが考えられます。男女を問わず、4年制大学への進学率が相当に高まっている昨今、大学進学に非監護親である父親の同意がなくても、子の能力及び学業成績からすると非監護親においても大学進学は予期されたものであること、監護親の経済力と子の自助努力だけでは学業を続けながら生計の維持をすることは困難であること、非監護親は今後とも収入を得ることが見込まれ、非監護親が一定額の支払に応じる旨述べていたといった事情が存した場合に、扶養料を認めたケースがあります（東京高決平22・7・30家月63・2・145）。ただ、扶養料を認めたといっても、成年に達した子に対する親の扶助義務は、生活扶助義務にとどまるものであって、生活扶助義務としてはもとより生活保持義務としても、親が成年に達した子が受ける大学教育のための費用を負担すべきであるとは直ちにはいいがたいという判断を前提としており、従前の養育費に相当するような金額が認められたわけではありませんので、注意が必要です。

【参考書式4】 扶養料請求調停申立書

4 過去の養育費（扶養料）の請求

> (1) 過去の養育費（扶養料）の請求の検討
> 　事案によっては過去の養育費が認められる場合があるため、当該案件が該当するか検討します。
> (2) 訴訟による過去の養育費（扶養料）の請求
> 　扶養義務を負っている監護親・非監護親間で、養育費について協議がなされているにもかかわらずそれが履行されない場合には、過去の未払養育費分につき、訴訟により請求することができます。
> (3) 離婚訴訟の附帯処分による過去の養育費の請求
> 　離婚訴訟の附帯処分により過去の養育費を請求することを検討します。
> (4) 調停・審判の申立てによる過去の養育費（扶養料）の請求
> 　扶養権利者が要扶養状態にあり、扶養義務者に扶養能力があるという要件を具備すれば、請求が認められる可能性があります。

(1) 過去の養育費（扶養料）の請求の検討

　扶養は、自己の資産・収入ではその生活を維持できない者に対する経済的給付であり、絶対的定期給付性の下、扶養の権利・義務は日々発生し、消滅していくものであるため、未成熟子が現在まで生活してきたという事実から扶養が必要な状態ではなかったとして、過去の養育費（扶養料）の請求はできないとも考えられます。しかし、それでは義務者が扶養義務の履行を引き延ばすことにより、その義務を免れることとなり、権利者の保護に欠けることになる反面、一方で、無限定に過去の養育費（扶養料）を認めるとなれば、義務者の知らないうちに債務が累積されて多額の債務を負う可能性もあります。

　そのため、過去の養育費（扶養料）の請求が認められるとしても、過去のどの時点まで認められるか（＝支払の始期をいつと考えるか）が問題となり、実務上は、事案により異なる判断がなされています。養育費の支払の始期は請求時とし、その請求により義務者が遅滞に陥った以後の扶養料を認めるとする立場がある一方で（東京地判平17・2・25判タ1232・299）、養育費の支払義務は、本人が要扶養（要監護養育）状態にあり、義務者たるべき相手方に支払能力がある場合には認められることを前提にして、裁判

所はその裁量により相当と認める範囲で過去に遡った養育料の支払を命じることができるとの立場もあります（宮崎家審平4・9・1家月45・8・53）。

(2) 訴訟による過去の養育費（扶養料）の請求

子に対して、扶養義務を負っている監護親・非監護親間で、養育費について協議がなされていて、それが履行されない場合には、過去の未払養育費分につき、通常の民事訴訟を提起し、債務名義を取得することができます。

しかし、各自の分担額が協議で調っていない場合には、最高裁昭和42年2月17日判決（民集21・1・133）は、家庭裁判所が各自の資力その他の一切の事情を考慮して審判で判断すべきであって、通常民事訴訟の判決手続によるべきではないとしています。なお、家事審判・調停申立て前に要扶養者の生活に要した費用を現在及び将来の扶養料の請求から分離した独立の純粋に過去の扶養料として請求する場合には、家事審判事項には該当せず、通常の民事上の履行遅滞による損害賠償請求権として地裁の裁判事項に属すると判断している裁判例もあります（大阪高判昭43・10・28家月21・12・155）。

(3) 離婚訴訟の附帯処分による過去の養育費の請求

離婚訴訟を提起する際には、子の監護者となる父母の一方は、他方に対して養育費（子の監護に関する費用）を求める附帯処分の申立てができます。そして、離婚判決がなされる場合には、併せて、離婚後の養育費（通常は、離婚時から成年に達する日の属する月まで）の支払を命じる附帯処分がなされます。

一方、夫婦の別居後、婚姻費用等の支払を受けていない場合に、別居後離婚までの未払の養育費（監護費用）の分についても附帯処分として申し立てた場合に、このような過去の養育費が認められるかが問題となりますが、最高裁平成9年4月10日判決（民集51・4・1972）は、民法771条、766条1項を類推適用し、旧人事訴訟手続法15条1項により、別居後離婚までの監護費用（当事者は養育費と請求したところを、最高裁は監護費用の趣旨としています。）について認めています。当該民法の規定は、「父母の離婚によって、共同して子の監護に当たることができなくなる事態を受け、子の監護について必要な事項等を定める旨を規定するものであるところ、離婚前であっても父母が別居し共同して子の監護に当たることができない場合には、子の監護に必要な事項としてその費用の負担等についての定めを要する点において、離婚後の場合と異なるところがないのであって、離婚請求を認容するに際し、離婚前の別居期間中における子

の監護費用の分担についても一括して解決するのが、当事者にとって利益となり、子の福祉にも資する」ことを理由としています。なお、当該判決は、別居後離婚までの期間の監護費用を離婚訴訟に附帯して申し立てることができるかについて判断したものであり、過去の養育費について、始期を別居時として特段の判断をしたものとは言い切れず、注意が必要です（法曹会『最高裁判所判例解説民事篇平成9年度　中』587頁（法曹会、2000）参照）（なお、この事案では財産分与の申立てはされておらず、別居の翌月である平成4年1月から裁判確定の日までの監護費用を認めています。）。

(4) 調停・審判の申立てによる過去の養育費（扶養料）の請求 ■■■

　監護親から非監護親に対し、養育費の分担を求める調停を申し立てた場合に、合意ができると、通常は、申立て時以降の養育費が認められます。調停で合意がなされず、審判に移行し、審判で養育費が認められる場合には、通常は、調停申立て時以降の養育費が認められます。

　養育費ではなく、子が、非監護親に対し、扶養料を請求する審判を申し立てた場合、通常は、請求時（申立て時）以降の支払を命じる審判がなされます。

　しかし、請求時以前の過去の扶養料の請求が認められる場合もあります。扶養権利者が要扶養状態にあり、扶養義務者に扶養能力のあること、という要件を具備すれば、扶養権利者からの請求の有無にかかわらず、具体的な扶養義務、扶養請求権が発生すると解すべきであり、扶養審判において、裁判所は、相当と認める範囲で過去に遡った分の扶養料の支払を命じることができるとしています（東京高決昭58・4・28家月36・6・42）。このケースは、離婚調停（養育費の請求も含みます。）が不調に終わり、離婚訴訟の係属中に、子から非監護親に対し扶養料を請求する審判の申立てがなされたケースであり、離婚調停の申立てをした翌月以降の過去の扶養料の支払を命じています。この審判においては、親の未成熟子に対する扶養義務は、その身分関係の発生により当然に生じるべきものであるとし、親は、未成熟子と別居すれば当然知り得るべきであり、その具体的請求権の発生を扶養権利者の請求に係らせる必要はないとしています。また、養育費の請求と扶養料の請求は実質的に子の扶養に要する費用の請求であることに変わりはないとしています。

　養育費の調停や審判の場合においても、事情によっては、当該調停申立て以前の時点からの過去の養育費が認められるケースがあるものと思われます。

アドバイス

○過去の養育費請求の消滅時効

　養育費について協議をして合意しても、義務者が合意に従って支払わず、長期間経過してしまった場合、経過した未払い分の過去の養育費について請求できますが、養育費は定期給付債権であるため、5年の短期消滅時効（民169）にかかりますので、注意が必要です。また、協議をしていなかった場合で、過去の養育費の請求が認められ得るケースでも、義務者の消滅時効の援用により、時効消滅によって、権利を失う場合もあるので、注意が必要です。

第4章　養育費・扶養料、婚姻費用の請求手続

【参考書式2】　夫婦関係調整（離婚）調停申立書

この申立書の写しは、法律の定めるところにより、申立ての内容を知らせるため、相手方に送付されます。
この申立書とともに相手方送付用のコピーを提出してください。

受付印	夫婦関係等調整調停申立書　事件名（　離婚　）
収入印紙　　　　円 予納郵便切手　　　円	（この欄に申立て1件あたり収入印紙1,200円分を貼ってください。） （貼った印紙に押印しないでください。）

○○　家庭裁判所　御中 平成　○年　○月　○日	申立人 （又は法定代理人など） の記名押印	申立人手続代理人 弁護士　丙野二郎　印 住所等は、別紙申立人手続代理人等目録記載の通り

添付書類	（審理のために必要な場合は、追加書類の提出をお願いすることがあります。） ☑ 戸籍謄本（全部事項証明書）（内縁関係に関する申立ての場合は不要） ☐ （年金分割の申立てが含まれている場合）年金分割のための情報通知書 ☑ 手続代理委任状	準口頭

申立人	本籍 （国籍）	（内縁関係に関する申立ての場合は、記入する必要はありません。） 東京　㊙道　○○区○○町○丁目○番○号 府県	
	住所	〒○○○-○○○○ 東京都○○市○○町○丁目○番○号	（　　　　方）
	フリガナ 氏名	コウノ　ハナコ 甲野　花子	大正 ㊙昭和　○年○月○日生 平成 （　　○○歳）

相手方	本籍 （国籍）	（内縁関係に関する申立ての場合は、記入する必要はありません。） 東京　㊙道　○○区○○町○丁目○番○号 府県	
	住所	〒○○○-○○○○ 東京都○○区○○町○丁目○番○号	（　　　　方）
	フリガナ 氏名	コウノ　タロウ 甲野　太郎	大正 ㊙昭和　○年○月○日生 平成 （　　○○歳）

未成年の子	住所	☑ 申立人と同居　　☐ 相手方と同居 ☐ その他（　　　　　　　　　）	平成　○年　○月　○日生
	フリガナ 氏名	コウノ　イチロウ 甲野　一郎	（　○　歳）
	住所	☐ 申立人と同居　　☐ 相手方と同居 ☐ その他（　　　　　　　　　）	平成　年　月　日生
	フリガナ 氏名		（　　歳）
	住所	☐ 申立人と同居　　☐ 相手方と同居 ☐ その他（　　　　　　　　　）	平成　年　月　日生
	フリガナ 氏名		（　　歳）

（注）太枠の中だけ記入してください。未成年の子は、付随申立ての(1)、(2)又は(3)を選択したときのみ記入してください。☐の部分は、該当するものにチェックしてください。

夫婦(1/2)

※　申立ての趣旨は、当てはまる番号（1又は2、付随申立てについては(1)〜(7)）を○で囲んでください。

（出典：東京家庭裁判所ウェブサイト）

第4章 養育費・扶養料、婚姻費用の請求手続

この申立書の写しは，法律の定めるところにより，申立ての内容を知らせるため，相手方に送付されます。
この申立書とともに相手方送付用のコピーを提出してください。

□の部分は，該当するものにチェックしてください。
☆ 付随申立ての(6)を選択したときは，年金分割のための情報通知書の写しをとり，別紙として添付してください（その写しも相手方に送付されます。）。

申　立　て　の　趣　旨	
円　満　調　整	関　係　解　消
※ 1　申立人と相手方間の婚姻関係を円満に調整する。 2　申立人と相手方間の内縁関係を円満に調整する。	※ 1　申立人と相手方は離婚する。 2　申立人と相手方は内縁関係を解消する。 (付随申立て) (1)　未成年の子の親権者を次のように定める。 　　………………………………………については父。 　　**甲野　一郎**　　　　　　　については母。 (2)　（□申立人／☑相手方）と未成年の子が面会交流する時期，方法などにつき定める。 (3)　（□申立人／☑相手方）は，未成年の子の養育費として， 　　1人当たり毎月（□金　　　　　円　／　☑相当額） 　　を支払う。 (4)　相手方は，申立人に財産分与として， 　　（□金　　　　円　／　☑相当額　）　を支払う。 (5)　相手方は，申立人に慰謝料として， 　　（☑金　○　円　／　□相当額　）　を支払う。 (6)　申立人と相手方との間の別紙年金分割のための情報通知書（☆）記載の情報に係る年金分割についての請求すべき按分割合を， 　　（☑0.5　／　□（　　　　　　　））と定める。 (7)

申　立　て　の　理　由
同居・別居の時期
同居を始めた日……　昭和／平成○　年○　月○　日　　別居をした日……　昭和／平成○　年○　月○　日
申　立　て　の　動　機
※　当てはまる番号を○で囲み，そのうち最も重要と思うものに◎を付けてください。 　①　性格があわない　　　②　異性関係　　　3　暴力をふるう　　　4　酒を飲みすぎる 　5　性的不調和　　　　　6　浪費する　　　　7　病　　気 　8　精神的に虐待する　　9　家族をすててかえりみない　　10　家族と折合いが悪い 　11　同居に応じない　　　12　生活費を渡さない　　　　13　そ　の　他

夫婦(2/2)

（出典：東京家庭裁判所ウェブサイト）

108　　第4章　養育費・扶養料、婚姻費用の請求手続

【参考書式3】　子の監護に関する処分（養育費請求）調停申立書

この申立書の写しは，法律の定めにより，申立ての内容を知らせるため，相手方に送付されます。
この申立書とともに相手方送付用のコピーを提出してください。

受付印	家事	☑ 調停 □ 審判	申立書 事件名	子の監護に関する処分 ☑ 養育費請求 □ 養育費増額請求 □ 養育費減額請求

（この欄に未成年者1人につき収入印紙1，200円分を貼ってください。）

収入印紙　　　　円
予納郵便切手　　円

（貼った印紙に押印しないでください。）

○○家庭裁判所　御中 平成○年○月○日	申立人 （又は法定代理人など） の記名押印	申立人手続代理人弁護士　丙野二郎　㊞

添付書類	（審理のために必要な場合は、追加書類の提出をお願いすることがあります。） ☑ 未成年者の戸籍謄本（全部事項証明書） ☑ 申立人の収入に関する資料（源泉徴収票、給与明細、確定申告書、非課税証明書の写し等） ☑ 手続代理委任状	準口頭

申立人	住　所	〒○○○-○○○○　東京都○○市○○町○丁目○番○号　（　　　方）		
	フリガナ 氏　名	コウノ　ハナコ 甲野　花子	昭和 平成	○年○月○日生 （　○○　歳）
相手方	住　所	〒○○○-○○○○　東京都○○区○○町○丁目○番○号　（　　　方）		
	フリガナ 氏　名	オツノ　タロウ 乙野　太郎	昭和 平成	○年○月○日生 （　○○　歳）
未成年者	住　所	☑ 申立人と同居　／　□ 相手方と同居 □ その他（　　　　　　）	平成	○年○月○日生
	フリガナ 氏　名	コウノ　イチロウ 甲野　一郎		（　○　歳）
	住　所	□ 申立人と同居　／　□ 相手方と同居 □ その他（　　　　　　）	平成	年　月　日生
	フリガナ 氏　名			（　　歳）
	住　所	□ 申立人と同居　／　□ 相手方と同居 □ その他（　　　　　　）	平成	年　月　日生
	フリガナ 氏　名			（　　歳）
	住　所	□ 申立人と同居　／　□ 相手方と同居 □ その他（　　　　　　）	平成	年　月　日生
	フリガナ 氏　名			（　　歳）

（注）太枠の中だけ記入してください。□の部分は、該当するものにチェックしてください。

養育費（1/2）

（出典：東京家庭裁判所ウェブサイト）

第4章 養育費・扶養料、婚姻費用の請求手続　　109

この申立書の写しは、法律の定めにより、申立ての内容を知らせるため、相手方に送付されます。
この申立書とともに相手方送付用のコピーを提出してください。

※ 申立ての趣旨は、当てはまる番号を○で囲んでください。　□の部分は、該当するものにチェックしてください。

申　立　て　の　趣　旨
（ ☑相手方 ／ □申立人 ）は、（ ☑申立人 ／ □相手方 ）に対し、未成年者の養育費として、次のとおり支払うとの（ ☑調停 ／ □審判 ）を求めます。 ※　① 1人当たり毎月　（□　金_____円 ／ ☑　相当額　）を支払う。 　　② 1人当たり毎月金_____円に増額して支払う。 　　③ 1人当たり毎月金_____円に減額して支払う。

申　立　て　の　理　由
同　居　・　別　居　の　時　期
同居を始めた日…　昭和／平成　○年○月○日　　別居をした日…　昭和／平成　○年○月○日
養　育　費　の　取　決　め　に　つ　い　て
1　当事者間の養育費に関する取り決めの有無 　　□あり（取り決めた年月日：平成___年___月___日）　☑なし 2　1で「あり」の場合 　（1）取決めの種類 　　　□口頭　□念書　□公正証書 　　　□調停　□審判　□和解　□判決　→　_____家庭裁判所_____（□支部／□出張所） 　　　　　　　　　　　　　　　　　　　　平成___年（家___）第___号 　（2）取決めの内容 　　　（□相手方／□申立人）は、（□申立人／□相手方）に対し、平成___年___月から_____まで、未成年者1人当たり毎月_____円を支払う。
養　育　費　の　支　払　状　況
□　現在、1人当たり1か月_____円が支払われている（支払っている）。 □　平成___年___月まで1人当たり1か月_____円が支払われて（支払って）いたがその後（□_____円に減額された（減額した）。／□　支払がない。） □　支払はあるが一定しない。 ☑　これまで支払はない。
養育費の増額または減額を必要とする事情（増額・減額の場合のみ記載してください。）
□　申立人の収入が減少した。　　□　相手方の収入が増加した。 □　申立人が仕事を失った。 □　再婚や新たに子ができたことにより申立人の扶養家族に変動があった。 □　申立人自身・未成年者にかかる費用（□学費　□医療費　□その他）が増加した。 □　未成年者が相手方の再婚相手等と養子縁組した。 □　その他（_____）

養育費(2/2)

（出典：東京家庭裁判所ウェブサイト）

第4章 養育費・扶養料、婚姻費用の請求手続

【参考書式4】　扶養料請求調停申立書

<u>この申立書の写しは、法律の定めにより、申立ての内容を知らせるため、相手方に送付されます。
この申立書とともに相手方送付用のコピーを提出してください。</u>

受付印	☑ 調停　家事　申立書　事件名（　扶養料請求　） ☐ 審判
収入印紙　　円 予納郵便切手　　円	（この欄に申立て1件あたり収入印紙1,200円分を貼ってください。） （貼った印紙に押印しないでください。）

○○家庭裁判所　御中 平成○年○月○日	申立人（又は法定代理人など）の記名押印	申立人手続代理人弁護士　丙野二郎　㊞

添付書類	（審理のために必要な場合は、追加書類の提出をお願いすることがあります。） 申立人の戸籍謄本（全部事項証明書）1通　相手方の戸籍謄本（全部事項証明書）1通　手続代理委任状1通	準口頭

申立人	本籍（国籍）	（戸籍の添付が必要とされていない申立ての場合は、記入する必要はありません。） 東京㊞都道府県　○○市○○町○丁目○番○号	
	住所	〒○○○-○○○○ 東京都○○市○○町○丁目○番○号　（　　　　　　方）	
	フリガナ 氏名	コウノ　イチロウ 甲野　一郎	大正・昭和・㊞平成 ○年○月○日生 （○○歳）

相手方	本籍（国籍）	（戸籍の添付が必要とされていない申立ての場合は、記入する必要はありません。） 東京㊞都道府県　○○区○丁目○番○号	
	住所	〒○○○-○○○○ 東京都○○区○丁目○番○号　（　　　　　　方）	
	フリガナ 氏名	オツノ　タロウ 乙野　太郎	大正・㊞昭和・平成 ○年○月○日生 （○○歳）

（注）太枠の中だけ記入してください。

別表第二，調停（1／2）

（出典：東京家庭裁判所ウェブサイト）

第4章　養育費・扶養料、婚姻費用の請求手続　　　　　　　　　111

**<u>この申立書の写しは，法律の定めにより，申立ての内容を知らせるため，相手方に送付されます。
この申立書とともに相手方送付用のコピーを提出してください。</u>**

申　　立　　て　　の　　趣　　旨
相手方は、申立人に対し、扶養料として、毎月金〇万円を申立人が大学を卒業する日の属する月まで支払うとの調停を求める。

申　　立　　て　　の　　理　　由
１．申立人は、現在、私立〇〇大学の２年生である。
２．申立人の母甲野花子（昭和〇年〇月〇日生、以下「母花子」という。）と相手方は、平成〇年〇月〇日に婚姻し、長男一郎（申立人）をもうけ、平成〇年〇月〇日離婚した。申立人の親権者は、母花子と定められ、かつ、相手方は、母花子に対し、その養育費として申立人が成人に達する月まで、月〇万円を支払うことが定められた。離婚後、相手方は、同人が成人に達する月である平成〇年〇月〇日まで、養育費の支払をしたが、その後、支払を打ち切った。
３．申立人の学費は〇万円、交通費は〇万円、テキスト代は〇万円である。母花子は、パートをしているが、その収入は月〇万円である。申立人は、〇〇奨学金を月〇万円受けており、また、週に１回、〇〇でアルバイトをし、月に〇万円のアルバイト料をもらっている。しかし、学業が忙しいため、アルバイトをこれ以上増やせない状態にある。かかる経済的状況下では、学業を続けられないため、本件申立てをした次第である。

別表第二，調停（2/2）

（出典：東京家庭裁判所ウェブサイト）

第2　婚姻費用の請求手続

＜フローチャート～婚姻費用の請求＞

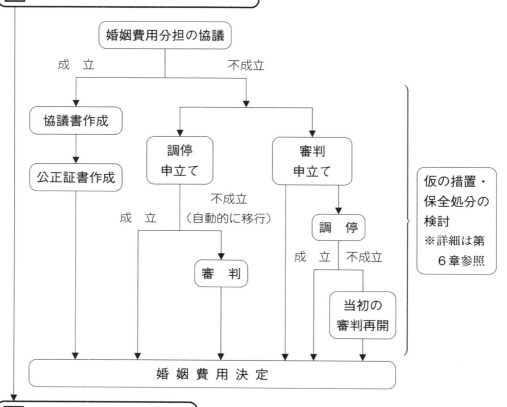

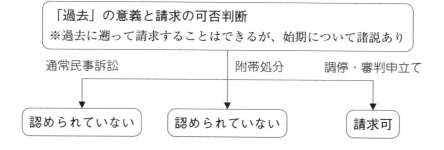

1 婚姻費用分担の請求方法の検討

(1) 婚姻費用分担の協議
　当事者間で婚姻費用の金額や支払方法について協議します。
(2) 婚姻費用分担の調停・審判の申立て
　当事者間の協議が調わない場合には、調停・審判を申し立てます。
(3) 審判前の保全処分の検討
　調停・審判の結果を待っていられない場合や、待っていると支払を受けられなくなるおそれがある場合には、仮の措置や保全処分も検討する必要があります。

(1) 婚姻費用分担の協議

　婚姻費用分担を求めるに当たっては、まずは当事者間の協議を行う必要があります。この協議の中で、月々の婚姻費用の分担額や支払方法等について決めていくことになります。

　既に第3章第3で触れたように、婚姻費用の算定に当たっては、簡易算定表による算定方式が実務上定着しており、調停や審判になった場合、これに準じた婚姻費用の分担額を算出することが一般的です。したがって、協議においても、算定表を基にすると婚姻費用の分担額はいくらくらいになるのかということを把握し、これを一つの目安として協議に臨むとよいでしょう。

　婚姻費用の分担について当事者間で協議が調った場合には、協議書を作成しましょう。将来支払が滞ってしまう場合に備え、協議書の作成に当たっては、公証役場で、執行認諾文言付の公正証書を作成するべきでしょう。

(2) 婚姻費用分担の調停・審判の申立て

　婚姻費用の分担についての協議が調わない場合には、家庭裁判所が審判でこれを定めるのが原則です（民760、家事39・別表二②）。しかし、まずは当事者間の自主的な話合いでの解決が望まれることから、審判を申し立てても、裁判所の判断で調停に移行す

ることもあります。
　また、このような理由から、まずは調停を申し立てることも可能です（家事244）。そして、一般的には、まずは調停を申し立てて、これがまとまらない場合に審判に移行することが多いでしょう（家事272④）。

◆婚姻費用分担の調停
① 調停の申立手続
　　申立権者：夫・妻（民760）
　　管轄：相手方の住所地を管轄する家庭裁判所又は当事者が合意で定める家庭裁判所（家事245①）
　　提出書類：婚姻費用分担請求調停申立書
　　添付書類：戸籍謄本（全部事項証明書）、収入に関する資料
　　申立てに必要な費用：収入印紙1,200円と郵券（家庭裁判所ごとに異なるので、申立てをする家庭裁判所に問い合わせてください。）
② 調停の概要
　　当事者双方が、収入、支出、資産等の状況を、必要に応じて提出した資料に基づいてよく把握し、合意を目指して、調停委員会の関与の下で話合いが行われます。

【参考書式5】　婚姻費用分担請求調停申立書

◆婚姻費用分担の審判
① 審判の申立手続
　　申立権者：夫・妻（民760）
　　管轄：夫又は妻の住所地を管轄する家庭裁判所（家事245①）
　　提出書類：婚姻費用分担請求審判申立書
　　添付書類：戸籍謄本（全部事項証明書）、収入に関する資料
　　申立てに必要な費用：収入印紙1,200円と郵券（家庭裁判所ごとに異なるので、申立てをする家庭裁判所に問い合わせてください。）
② 審判の概要
　　審判では、裁判官が必要な審理を行い、一切の事情を考慮して審判を行います。なお、調停が不成立の場合は自動的に審判に移行するので、別途申立てをする必要はありません。

第4章 養育費・扶養料、婚姻費用の請求手続　　115

> ケーススタディ

Q 婚姻費用分担の調停が長期にわたる場合に、申立人の生活費を確保する方法はないか。

A 調停が長期にわたる場合、申立人の生活が困窮することもあり得ます。このような場合、中間合意の調停がなされる場合があります。この場合、相手方が中間合意に従い支払った金額は、最終的に調停が成立ないし審判が確定したときに、申立人に支払うべき金員から差し引いて支払われることになります。

> アドバイス

○調停前の仮の処分

　調停委員会は、職権で調停のために必要であると認める処分をすることができ（家事266①）、この処分を調停前の仮の処分といいます。例えば、調停が長引き、申立人が調停成立や審判確定まで、生活費の支払を待つことができないような事態が生じた場合、婚姻費用の支払を命じることができます。したがって、必要に応じて調停委員会に処分を上申することを検討してもよいでしょう。

　ただし、この処分は調停の進行を妨げない限度で認められます。例えば、仮の処分をすることで相手方が感情的になり調停に出席しなくなることが想定されるような場合、処分をすることはかえって不適切です。また、処分に従わない場合、10万円以下の過料の制裁はありますが、処分には執行力がない点も注意が必要です。

(3) 審判前の保全処分の検討

　詳しくは、**第6章**に譲りますが、保全処分も認められています。家庭裁判所は、婚姻費用の分担に関する審判又は調停の申立てがあった場合において、強制執行を保全し、又は子その他の利害関係人の急迫の危険を防止するために必要があるときは、当該申立てをした者の申立てにより、当該事項についての審判を本案とする仮差押え、仮処分その他の必要な保全処分を命ずることができます（家事157①二）。

2　過去の婚姻費用の請求

> (1)　「過去」の意義と請求の可否判断
> 　過去に遡って婚姻費用分担の請求をすることはできますが、どこまで遡ることができるかについては、諸説あります。
> (2)　過去の婚姻費用のみを請求する通常民事訴訟の可否判断
> 　通常民事訴訟により過去の婚姻費用のみを請求することは認められません。
> (3)　過去の婚姻費用を求める附帯処分の可否判断
> 　過去の婚姻費用の分担については、離婚訴訟の附帯処分に含めないと考えられています。
> (4)　調停・審判の申立て
> 　過去の婚姻費用分担の請求については、婚姻費用分担の調停・審判の申立てによることになります。

(1)　「過去」の意義と請求の可否判断

　最高裁は、婚姻費用分担義務の始期について、過去に遡って額を決定することもできるとしました（最大決昭40・6・30民集19・4・1114）。したがって、過去に遡って婚姻費用分担を請求することができます。

　しかし、その具体的な始期については、諸説あります。裁判例は、①別居時など分担の必要が生じたときからとするもの（東京高決昭42・9・12家月20・5・105）、②申立時とするもの（東京高決昭60・12・26判時1180・60）にほぼ二分されているようです。実務上は、要分担状態が生じた時点が明らかでない場合も多いことから、申立時以降について認められることが多いようです。

　なお、申立時より前の婚姻費用分担義務の不履行については、財産分与の額を決定する際に考慮要素とされています（最判昭53・11・14民集32・8・1529）。

(2)　過去の婚姻費用のみを請求する通常民事訴訟の可否判断

　過去の婚姻費用の分担はどのような方法で請求するべきでしょうか。まず、通常の

第4章　養育費・扶養料、婚姻費用の請求手続　　117

民事訴訟によって、過去の婚姻費用のみを請求することができるかが問題になりますが、これは認められていません。

(3) 過去の婚姻費用を求める附帯処分の可否判断

　離婚訴訟における附帯処分として請求するという方法が採り得るかという点も問題になりますが、過去の婚姻費用の分担については、附帯処分に含めないと考えられています。したがって、附帯処分として求めることもできません。

(4) 調停・審判の申立て

　過去の婚姻費用の分担の請求については、婚姻費用の分担の調停あるいは審判の申立てによって請求することになるでしょう。
　ただし、(1)で述べたように、婚姻費用の具体的な始期については、申立時として処理されることになるでしょう。

アドバイス

○婚姻費用分担の調停の申立時期

　過去の婚姻費用の請求の手段が調停・審判に限られ、始期については申立時とされるのが一般的です。したがって、婚姻費用分担の調停の申立時期は注意を要します。すなわち、要分担状況が生じた時点まで遡ることができない可能性があるため、別居等の要分担状況が生じることが事前に分かっている場合には、それに合わせて調停の申立てを行うなどの工夫が必要でしょう。

第4章　養育費・扶養料、婚姻費用の請求手続

【参考書式5】　婚姻費用分担請求調停申立書

この申立書の写しは、法律の定めにより、申立ての内容を知らせるため、相手方に送付されます。
この申立書とともに相手方送付用のコピーを提出してください。

受付印	☑ 調停　　　申立書　事件名 ☑ 婚姻費用分担請求
家事　□ 審判	□ 婚姻費用増額請求 □ 婚姻費用減額請求

（この欄に申立て1件あたり収入印紙1,200円分を貼ってください。）

収入印紙　　　円
予納郵便切手　　円

（貼った印紙に押印しないでください。）

○○家庭裁判所　御中 平成○年○月○日	申立人（又は法定代理人など）の記名押印	申立人手続代理人　甲野太郎　㊞

添付書類　（審理のために必要な場合は、追加書類の提出をお願いすることがあります。）
☑ 戸籍謄本（全部事項証明書）（内縁関係に関する申立ての場合は不要）
□ 申立人の収入に関する資料（源泉徴収票、給与明細、確定申告書、非課税証明書等の写し）
☑ 手続代理委任状

準口頭

| 申立人 | 住所 | 〒○○○-○○○○　東京都○○区○○町○丁目○番○号　（　　　方） |
| | フリガナ　氏名 | オツカワ　ハナコ　乙川　花子 | 大正・昭和・平成　○年○月○日生　（○○歳） |

| 相手方 | 住所 | 〒○○○-○○○○　東京都○○区○○町○丁目○番○号　（　　　方） |
| | フリガナ　氏名 | オツカワ　ジロウ　乙川　次郎 | 大正・昭和・平成　○年○月○日生　（○○歳） |

未成年の子	住所	☑ 申立人と同居　／　□ 相手方と同居　□ その他（　　　）	平成○年○月○日生
	フリガナ　氏名	オツカワ　イチロウ　乙川　一郎	（○歳）
	住所	☑ 申立人と同居　／　□ 相手方と同居　□ その他（　　　）	平成○年○月○日生
	フリガナ　氏名	オツカワ　イチコ　乙川　一子	（○歳）
	住所	□ 申立人と同居　／　□ 相手方と同居　□ その他（　　　）	平成　年　月　日生
	フリガナ　氏名		（　歳）

（注）太枠の中だけ記入してください。□の部分は、該当するものにチェックしてください。

婚姻費用（1/2）

（出典：東京家庭裁判所ウェブサイト）

第4章 養育費・扶養料、婚姻費用の請求手続

この申立書の写しは，法律の定めにより，申立ての内容を知らせるため，相手方に送付されます。
この申立書とともに相手方送付用のコピーを提出してください。

※ 申立ての趣旨は，当てはまる番号を○で囲んでください。
　□の部分は，該当するものにチェックしてください。

申　立　て　の　趣　旨
（ ☑ 相手方 ／ □ 申立人 ）は，（ ☑ 申立人 ／ □ 相手方 ）に対し，婚姻期間中の生活費として，次のとおり支払うとの（ ☑ 調停 ／ □ 審判 ）を求めます。 ※　1　毎月（ ☑ 金＿＿〇＿＿万円 ／ □ 相当額 ）を支払う。 　　2　毎月金＿＿＿＿＿＿円に増額して支払う。 　　3　毎月金＿＿＿＿＿＿円に減額して支払う。

申　立　て　の　理　由
同　居　・　別　居　の　時　期
昭和　　　　　　　　　　　　　　　　　　昭和 同居を始めた日…　　　年　　月　　日　　別居をした日…　　　年　　月　　日 　　　　　　　　㊣平成〇　　〇　　〇　　　　　　　　　㊣平成〇　　〇　　〇
婚　姻　費　用　の　取　決　め　に　つ　い　て
1　当事者間の婚姻期間中の生活費に関する取り決めの有無 　　　□あり（取り決めた年月日：平成＿＿年＿＿月＿＿日）　　☑なし 2　1で「あり」の場合 　(1)　取決めの種類 　　　□口頭　　□念書　　□公正証書　→　＿＿＿＿家庭裁判所＿＿＿＿（□支部 ／ □出張所） 　　　□調停　　□審判　　□和解　　　　　平成＿＿年(家＿＿)第＿＿＿号 　(2)　取決めの内容 　　　（□相手方 ／ □申立人）は，（□申立人 ／ □相手方）に対し，平成＿＿年＿＿月から 　　　＿＿＿＿＿まで，毎月＿＿＿＿＿円を支払う。
婚　姻　費　用　の　支　払　状　況
□　現在，毎月＿＿＿＿＿円が支払われている（支払っている）。 □　平成＿＿年＿＿月ころまで，毎月＿＿＿＿＿円が支払われていた（支払っていた） 　　が，その後，（ □減額された（減額した） ／ □支払がない（支払っていない））。 □　支払はあるが，一定しない。 ☑　これまで支払はない。
婚姻費用の分担の増額または減額を必要とする事情（増額・減額の場合のみ記載してください。）
□　申立人の収入が減少した。　　　　□　相手方の収入が増加した。 □　申立人が仕事を失った。 □　申立人自身・未成年者にかかる費用（□学費　□医療費　□その他）が増加した。 □　その他（　　　　　　　　　　　　　　　　　　　　　　　　　　　）

（出典：東京家庭裁判所ウェブサイト）

第 5 章

養育費・扶養料、婚姻費用の合意

第5章 養育費・扶養料、婚姻費用の合意

＜フローチャート～養育費・扶養料、婚姻費用の合意＞

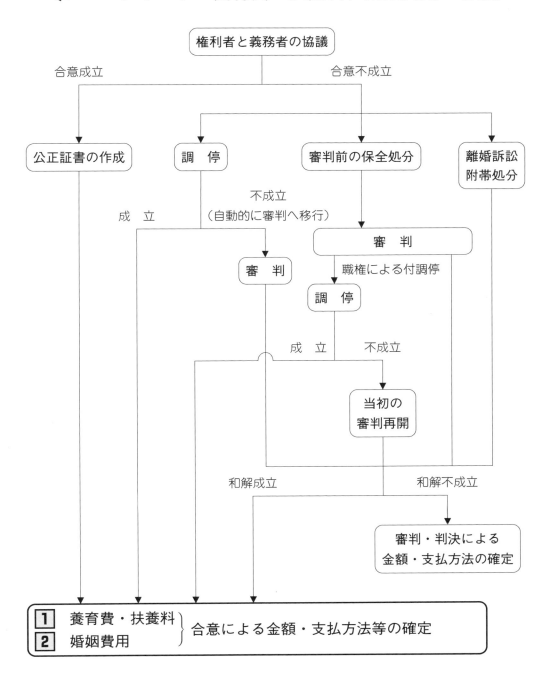

1 養育費・扶養料支払の合意

> (1) 養育費支払の合意
> 　養育費の支払は、原則として父母（権利者と義務者）との協議により定められることになります。
> (2) 扶養料支払の合意
> 　扶養料の支払も、原則として、子（権利者）と非監護親（義務者）との協議により定められることになります。

（1）　養育費支払の合意

◆養育費とは

　養育費とは、未成熟子が社会人として独立自活できるまでに必要とされる費用をいい、具体的には、衣食住に必要な経費・教育費・医療費等がこれに当たることになります。

　「養育費」という用語は、法文に定められたものではありませんが、婚姻中は婚姻費用分担（民760）、夫婦間の扶助義務（民752）、離婚後は子の監護費用（民766①）が法的根拠となると考えられています。そのため、婚姻中の「養育費」は、「婚姻費用」等に包含されていると考えられていることから、養育費の支払が実際に問題となるのは、専ら離婚後ということになります。

　なお、未成熟子の範囲は、子の福祉という観点から判断され、社会人として経済的に独立自活することができるかどうかという点も考慮されることになるため、未成年者の範囲とは必ずしも一致しません。

◆養育費支払の合意時期

　父母が離婚をする場合、その一方を親権者と定めなければならないとされ（民819①）、親権者の記載がなければ離婚届は受理されませんが（民765①）、養育費の分担等を定めることまでは協議離婚の要件とされていないため、養育費に関する取決めがなくても、協議離婚をすることは可能です。

　しかし、民法は、父母が離婚をする場合、子の利益を最も優先して考慮した上で「子

第5章　養育費・扶養料、婚姻費用の合意　　125

の監護をすべき者」「子の監護に要する費用の分担」等を協議で定めるものとしており（民766①・771）、可能な限り、離婚時において養育費の分担等を定めておくべきといえます。

◆養育費支払の決定方法
　養育費の分担等に関しては、まずは父母間の協議により定めるものとされ、協議が調わない又は協議ができない場合に、家庭裁判所が定めるものとされています（民766①②・771）。
　養育費の分担等に関する任意の協議が調わない等の場合、権利者は義務者に対し、調停、審判又は訴訟（離婚訴訟における附帯処分としての請求）手続により、その分担等を求めることが必要となりますが、調停等の手続へ移行した場合であっても、調停手続における調停成立、審判・訴訟手続における和解成立の場合には、権利者と義務者の合意に基づき養育費の分担等が決定されることになります。

◆養育費支払の合意内容
　養育費の分担等の協議においては、実際の養育費支払がスムーズに行われるよう、①支払期間、②金額、③支払時期、④支払方法のほか、定額の養育費とは別に、進学費用（入学金、授業料等）等の特別な支出が必要となった場合に備え、可能な限り具体的な定めをしておくべきといえます。
　具体的金額等の定めに関しては、東京・大阪養育費等研究会が作成・発表した「簡易迅速な養育費等の算定を目指して－養育費・婚姻費用の算定方式と算定表の提案－」（判例タイムズ1111号285頁）が参考となりますが、当該算定表は絶対的基準ではないため、最終的には、権利者と義務者が自由に協議し個別の事情に応じて決定すべきことになります。

◆合意方法
　権利者と義務者の協議が調った場合、後日の紛争回避のためにも、書面による合意をしておくべきといえます。
　合意書面の作成に際しては、便宜的に法務省が作成公開している「子どもの養育に関する合意書」（【参考書式6】参照）を利用することも考えられますが、合意された内容が履行されない場合等に備えるため、執行受諾文言付の「公正証書」を作成しておくことが望まれます。
　なお、養育費等の定期金債権を請求するために給料等へ強制執行をする場合、期限

未到来分についても債権執行をすることが認められ（民執151の2①）、差押えができる金額についても給料の2分の1に相当する部分までの差押えが認められる等（民執152③）、一般の債権より有利な定めがなされているため、債務名義となる執行受諾文言付の「公正証書」を作成する場合には、金銭給付の内容が「養育費」であることを明確にしておくべきといえます。

アドバイス

○「大学卒業まで」の養育費

　簡易算定表では、養育費の終期は20歳が前提とされており、家庭裁判所における審判・判決でも、養育費の終期は20歳までとされることが少なくありません。

　そのため、子を大学まで進学させる予定がある場合には、当事者間の協議の場面において、大学卒業年齢（一般的には22歳）までの養育費を明確に定めておくことが有効です。

　ただし、子が浪人や留年した場合も想定すると、具体的な養育費の終期年月だけを明記するのではなく、終期を「大学卒業まで」とする合意としておく方が望ましいといえるでしょう。

【参考書式6】　子どもの養育に関する合意書〔法務省作成〕
【参考書式7】　養育費支払契約公正証書

(2) 扶養料支払の合意

◆扶養料とは

　扶養料とは、一般的に、自分の資産・労力で生活することのできない者（扶養権利者）に対する援助として、一定の範囲にある親族（扶養義務者）から支払われる生活費等をいいますが、本書では、扶養料のうち特に、父母の離婚後に、監護親に養育されている未成熟子（扶養権利者）から非監護親（扶養義務者）に対して請求されるものを対象としています。

　扶養義務には、自分の生活を保持するのと同程度の生活を保持させることが求められる「生活保持義務」と、自分の生活を犠牲にしない限度で被扶養者の最低限の生活扶助を行うことが求められる「生活扶助義務」の二類型があるとされ、養育費や婚姻費用の支払義務は「生活保持義務」として、兄弟姉妹などの親族間の扶養義務は「生活扶助義務」として履行されるべきものと考えられています。親の未成熟子に対する

第5章　養育費・扶養料、婚姻費用の合意

扶養義務は「生活保持義務」です。この意味では、扶養料と養育費は同じ内容となりますが、父母間の養育費にかかる合意に子が常に拘束され、子の扶養料請求ができなくなるわけではありません。

例えば父母間で合意された養育費の額が不当に低額である場合には、子が自己の扶養料請求権に基づき別途非監護親である父又は母（扶養義務者）へ扶養料請求を行うことも可能です（仙台高決昭56・8・24家月35・2・145）。

◆扶養の当事者

誰が誰に対し扶養義務を負うのかについて民法に規定があり、直系血族及び兄弟姉妹は、互いに扶養をする義務があるとされ（民877①）、家庭裁判所は、特別の事情があるときは、三親等以内の親族間においても扶養の義務を負わせることができるとされています（民877②）。

このうち、本書が対象とする扶養料請求の場面では、直系血族である未成熟子と非監護親が当事者となります。

◆扶養の順序等の決定方法

扶養義務者が複数いるときには、扶養をすべき者の順序について、当事者間（扶養権利者と扶養義務者の全員）の協議により定めるものとされ、協議が調わない又は協議ができない場合に、家庭裁判所が定めるものとされています（民878前段）。

また、扶養権利者が複数いて、扶養義務者の資力がその全員を扶養するのに足りない場合の扶養権利者の順序についても同様とするとされています（民878後段）。

この点、父母の未成熟子に対する扶養義務は、子に対して親権を有する者又は同居する者が当然に他方より先順位にあるものではなく、両者はその資力に応じて扶養料を負担すべきものとされています（大阪高決昭37・1・31家月14・5・150）。

さらに、扶養の程度又は方法についても、当事者間（扶養権利者と扶養義務者の全員）の協議により定めるものとされ、協議が調わない又は協議ができない場合は、家庭裁判所が定めるものとされています（民879）。

扶養の順序等に関する任意の協議が調わない場合、権利者は義務者に対し、調停又は審判手続により、その支払を求めることになりますが、調停等の手続へ移行した場合であっても、調停手続における調停成立、審判手続における和解成立の場合には、権利者と義務者の合意に基づき扶養料の分担等が決定されることは、養育費の場合と同様です。

なお、一部の扶養義務者が現実に扶養義務を履行した場合、他の扶養義務者へ求償を求めることも認められます（最判昭26・2・13判タ11・49）。

◆扶養に関する合意内容

　扶養義務に関する合意（契約）は、必ずしも扶養権利者と扶養義務者の全員で行う必要はなく、特定の扶養権利者と一部の扶養義務者との間で合意することや、扶養権利者を除いた扶養義務者間での合意も可能です。

　扶養料支払の協議においても、実際の扶養料の支払がスムーズに行われるよう、①支払期間、②金額、③支払時期、④支払方法のほか、医療費等の特別な支出が必要となった場合に備え、可能な限り具体的な定めをしておくべきことが望ましいといえます。

　具体的金額等の定めに関しては、未成熟子と父母との間で扶養料が問題となる場合は、養育費等に準じて簡易算定表を参考にできます。その他の場合については、簡易算定表のようなものはないため、権利者と義務者が自由に協議して個別の事情に応じて決定すべきことになりますが、扶養権利者の従前の生活水準と「生活保護法による保護の基準」（昭和38年厚生省告示158号）の示す国民的最低限度が一応の目安となるといえます。

◆扶養に関する合意方法

　未成熟子（扶養権利者）と非監護親（扶養義務者）間で、扶養料支払に関する協議が調った場合も、後日の紛争回避のため、書面による合意をしておくべきといえます。

　そして、合意書面の作成に際しては、合意された内容が履行されない場合等に備えるため、執行受諾文言付きの「公正証書」を作成しておくことが、やはり望まれます。なお、扶養料等の定期金債権を請求するために給料等へ強制執行をする場合、期限未到来分についても債権執行をすることが認められ（民執151の2①）、差押えができる金額についても給料の2分の1に相当する部分までの差押えが認められる等（民執152③）、一般の債権より有利な定めがなされていることは、養育費の場合と同様で、債務名義となる執行受諾文言付の「公正証書」を作成する場合には、金銭給付の内容が「扶養料」であることを明確にしておくことが必須といえます。

　　　　　　　　　　　　　ケーススタディ

Q　親権者でも監護親でもない父も、認知した非嫡出子に対して、生活保持義務としての扶養義務を負うことになるのか。

A 非嫡出子の父母も、親権や生活共同の有無にかかわらず、それぞれ同順位で生活保持義務としての扶養義務を、非嫡出子に対して負うことになります（仙台高決昭37・6・15家月14・11・103）。

【参考書式8】 扶養契約公正証書

2 婚姻費用支払の合意

◆婚姻費用とは

　婚姻費用とは、婚姻関係にある夫婦が通常の社会生活を維持するために必要な生計費（婚姻から生ずる費用）をいい、衣食住の費用、医療費、子の養育費・教育費等がこれに含まれます。

　民法上、婚姻費用の分担義務を直接定める760条のほか、夫婦相互の扶助義務を定める752条が存在しますが、752条が一般的な協力扶助義務の原則を定め、760条は費用面から実質的に同じことを規定したものと解されています。

　なお、「婚姻費用」の分担義務は、本来婚姻の実体が存在し健全な婚姻共同生活が維持されていることを前提としますが、判例・学説上、夫婦関係が破綻し別居状態にあっても、法的に婚姻関係が継続している間は夫婦間の婚姻費用分担義務も一応存続するということ自体には争いがありません。

◆婚姻費用分担の決定方法

　婚姻費用分担の決定方法については、民法上、養育費や扶養料のような明文の規定はありませんが、まずは夫婦（権利者と義務者）間の任意の協議により、定められることになります。

　任意の協議が調わない場合についても、民法上の規定はありませんが、権利者が義務者に対し、調停又は審判手続によりその分担等を求めることができることは、養育費や扶養料の場合と同様です（家事39・244・別表2②）。

　そして、調停等の手続へ移行した場合であっても、調停手続における調停成立、審判手続における和解成立の場合には、やはり権利者と義務者の合意に基づき養育費の分担等が決定されることになります。

◆婚姻費用分担の合意内容

　婚姻費用分担の協議において、実際の婚姻費用の支払がスムーズに行われるよう、①支払期間、②金額、③支払時期、④支払方法のほか、定額の婚姻費用とは別に、子の進学費用（入学金、授業料等）等の特別な支出が必要となった場合に備え、可能な限り具体的な定めをしておくべきことは、養育費等の場合と同様です。

　具体的金額等の定めに関しては、東京・大阪養育費等研究会が作成発表した「簡易迅速な養育費等の算定を目指して－養育費・婚姻費用の算定方式と算定表の提案－」（判例タイムズ1111号285頁）が参考となりますが、最終的には、夫婦（権利者と義務者）が自由に協議し個別の事情に応じて決定すべきことも、養育費等の場合と同様です。

◆婚姻費用分担の合意方法

　夫婦（権利者と義務者）間で、婚姻費用分担に関する協議が調った場合も、後日の紛争回避のため、書面による合意をしておくべきことは、養育費等の場合と同様です。

　そして、合意書面の作成に際しては、合意された内容が履行されない場合等に備えるため、執行受諾文言付の「公正証書」を作成しておくことが、やはり望まれます。

　なお、婚姻費用についても、給料等へ強制執行をする場合、期限未到来分についても債権執行をすることが認められ（民執151の2①）、給料の2分の1に相当する部分までの差押えが認められる等（民執152③）、一般の債権より有利な定めがなされていることは、養育費等の場合と同様で、債務名義となる執行受諾文言付の「公正証書」を作成する場合には、金銭給付の内容が「婚姻費用」であることを明確にしておくことが、やはり必須といえます。

【参考書式9】　婚姻費用分担に関する契約公正証書

第5章 養育費・扶養料、婚姻費用の合意

【参考書式6】 子どもの養育に関する合意書〔法務省作成〕

子どもの養育に関する合意書

作成日 平成〇 年 〇 月 〇 日

	父		母
ふりがな	こうの たろう	ふりがな	こうの はなこ
氏名	甲野 太郎 ㊞	氏名	甲野 花子 ㊞
住所	〒〇〇〇-〇〇〇〇 東京都〇〇区〇〇町〇丁目〇番〇号 電話 〇〇-〇〇〇〇-〇〇〇〇 メール	住所	〒〇〇〇-〇〇〇〇 〇〇県〇〇市〇〇町〇丁目〇番〇号 電話 〇〇〇-〇〇〇〇-〇〇〇〇 メール
勤務先	名称 株式会社〇〇〇〇 所在地 〒〇〇〇-〇〇〇〇 東京都〇〇区〇〇町〇丁目〇番〇号	勤務先	名称 所在地 〒

子ども

1	ふりがな	こうの いちろう	平成〇年〇月〇日生 親権者 父・㊊	2	ふりがな	こうの あきこ	平成〇年〇月〇日生 親権者 父・㊊
	氏名	甲野 一郎			氏名	甲野 明子	
3	ふりがな		年 月 日生 親権者 父・母	4	ふりがな		年 月 日生 親権者 父・母
	氏名				氏名		

養育費

	支払期間	金額	支払時期
子1	平成〇年〇月〇日から □歳に達する月まで ☑22歳に達した後の3月まで □まで	☑1か月当たり 6万円ずつ □ 年/月分 円 □ 円	☑毎月 末日 □ 年 月 日
子2	平成〇年〇月〇日から □歳に達する月まで ☑22歳に達した後の3月まで □まで	☑1か月当たり 6万円ずつ □ 年/月分 円 □ 円	☑毎月 末日 □ 年 月 日
子3	年 月 日から □歳に達する月まで □歳に達した後の3月まで □まで	□1か月当たり 円ずつ □ 年/月分 円 □ 円	□毎月 □ 年 月 日
子4	年 月 日から □歳に達する月まで □歳に達した後の3月まで □まで	□1か月当たり 円ずつ □ 年/月分 円 □ 円	□毎月 □ 年 月 日

振込先	その他
金融機関 〇〇 銀行 〇〇 支店 口座の種類 ㊕普通・当座 口座番号 〇〇〇〇〇〇 口座の名義 甲野 花子（コウノ ハナコ）	子1及び2の高等学校、大学等への進学に要する費用については、別途協議の上その負担を定めるものとする。

面会交流

	面会交流の内容	面会交流の頻度
子1	☑面会（宿泊なし） ☑面会（宿泊あり） □	☑2か月に1回程度 □ □ に 回程度 ☑年2回（夏休みと冬休み）、各2～3泊程度 □ に 回程度 □
子2	☑面会（宿泊なし） ☑面会（宿泊あり） □	☑2か月に1回程度 □ □ に 回程度 ☑年2回（夏休みと冬休み）、各2～3泊程度 □ に 回程度 □
子3	□面会（宿泊なし） □面会（宿泊あり） □	□ に 回程度 □ に 回程度 □ に 回程度
子4	□面会（宿泊なし） □面会（宿泊あり） □	□ に 回程度 □ に 回程度 □ に 回程度

その他（連絡方法や留意事項等を自由にお書きください）

面会交流の具体的実施日程等は、別途協議の上都度定めるものとする。

（出典：法務省ウェブサイト）

【参考書式7】　養育費支払契約公正証書

平成○○年　第○○○○号

養育費支払契約公正証書

　父○○（以下「甲」という。）と母○○（以下「乙」という。）は、甲乙間の未成年の長男○○（以下「丙」という。）の養育費の支払について、次のとおり合意した。

第1条（養育費）
1　甲は、乙に対し、丙の養育費として、平成○年○月から丙が22歳に達した後に最初に到来する3月（平成○年3月）まで（ただし、同月末時点で丙が大学又はこれに準じる高等教育機関に在学中の場合は、これを卒業する月まで）、1か月金10万円ずつを、毎月末日限り、乙の指定する金融機関の預金口座（○○銀行○○支店　普通預金　口座番号○○○○　口座名義　乙）へ振り込んで支払う。振込手数料は、甲の負担とする。
2　甲は、乙に対し、丙の学資金として、高等学校及び大学への入学金相当額を、それぞれの入学金支払期日までに支払う。
　　ただし、乙は、甲に対し、各入学金額が確定し次第、客観的資料を添えて、各金額を事前に通知するものとする。
3　甲及び乙は、丙の病気等による特別の費用の負担については、別途協議するものとする。

第2条（強制執行認諾）
　　甲は、前条第1項の金銭債務の履行を遅滞したときは、直ちに強制執行に服する旨陳述した。

〔以下　略〕

【参考書式8】　扶養契約公正証書

平成○○年　第○○○○号

扶養契約公正証書

　父○○（以下「甲」という。）と長男○○（以下「乙」という。）は、乙の扶養に関し、次のとおり合意した。

第1条（扶養の内容）
1　甲は、乙に対し、乙の扶養料として、平成○年○月から乙が22歳に達した後に最初に到来する3月（平成○年3月）まで（ただし、同月末時点で乙が大学又はこれに準じる高等教育機関に在学中の場合は、これを卒業する月まで）、1か月金10万円ずつを、毎月末日限り、乙の指定する金融機関の預金口座（○○銀行○○支店　普通預金　口座番号○○○○　口座名義　乙）へ振り込んで支払う。振込手数料は、甲の負担とする。
2　甲は、乙に対し、乙の扶養料として、前項のほか、乙の大学等への入学金相当額を、その入学金支払期日までに支払う。
　　ただし、乙は、甲に対し、入学金額及び支払期日が確定し次第、客観的資料を添えて、その金額等を事前に通知するものとする。
第2条（特別の出費）
　　乙に長期入院等による特別の出費を要する事由が生じたときは、甲は、乙と別途協議の上、相当額を乙に支払うものとする。
第3条（強制執行認諾）
　　甲は、第1条第1項の金銭債務の履行を遅滞したときは、直ちに強制執行に服する旨陳述した。

〔以下　略〕

【参考書式9】　婚姻費用分担に関する契約公正証書

平成○○年　第○○○○号

婚姻費用分担に関する契約公正証書

　夫○○（以下「甲」という。）と妻○○（以下「乙」という。）は、当分の間別居することとし、別居期間中の婚姻費用の分担等について、次のとおり合意した。

第1条（子の監護）
　　甲と乙は、別居期間中、甲乙間の未成年の長男○○（以下「丙」という。）を、乙において監護養育することに合意する。

第2条（婚姻費用の分担）
　　甲は、乙に対し、婚姻費用の分担として、平成○年○月から甲乙間の別居解消又は離婚までの間、1か月金20万円を、毎月末日限り、乙の指定する金融機関の預金口座（○○銀行○○支店　普通預金　口座番号○○○○　口座名義　乙）へ振り込んで支払う。振込手数料は、甲の負担とする。

第3条（特別の出費）
　　甲と乙は、乙若しくは丙の入院等又は丙の進学等により、乙が特別の出費を要する事由が生じたときは、別途その費用負担について協議するものとする。

第4条（面会交流）
　　乙は、甲が丙と、毎月1回程度面会交流することを認める。その具体的な日時、場所、方法等は、丙の利益を最優先し、甲乙間で都度協議の上定めるものとする。

第5条（強制執行認諾）
　　甲は、第2条の債務の履行を遅滞したときは、直ちに強制執行に服する旨陳述した。

〔以下　略〕

第 6 章

養育費等・婚姻費用の履行確保

第6章 養育費等・婚姻費用の履行確保

<フローチャート～養育費等・婚姻費用の履行確保>

1 養育費等・婚姻費用の保全

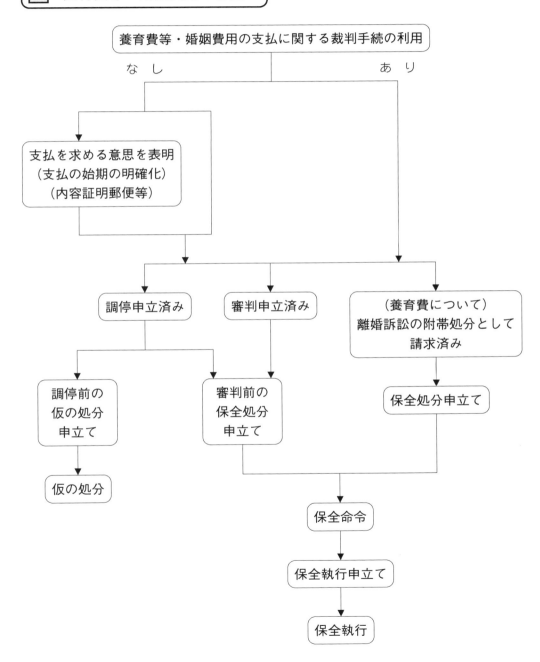

138　第6章　養育費等・婚姻費用の履行確保

2　養育費等・婚姻費用の履行確保

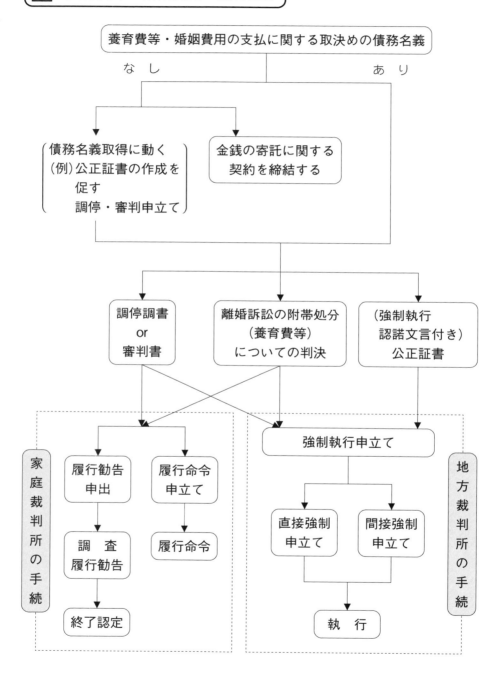

1 養育費等・婚姻費用の保全

> (1) 支払の始期の明確化
> 　養育費等・婚姻費用の分担の支払の始期は請求時からが原則です。
> (2) 支払確定までの仮払い等の検討
> 　調停・審判を申し立てるとともに、仮払仮処分等、審判前の保全処分の申立てを検討します。

(1) 支払の始期の明確化

　養育費等（以下本章では「扶養料」を含みます。）や婚姻費用の支払の始期については、家庭裁判所の合理的な裁量によって決定されます。実務では、権利者が義務者に対して、養育費等や婚姻費用の支払を請求した時を始期とすることが多く、通常は、調停や審判の申立てをした月が始期となります。したがって、養育費等や婚姻費用の支払を請求するも合意の見込みが立たない等の場合には、履行確保の点からも、できるだけ早く調停や審判を申し立てるということが有用です。

　この点、婚姻費用分担申立事件に先立ち、権利者が義務者に対して、内容証明郵便をもって婚姻費用の分担を求めていた事例において、内容証明郵便をもって婚姻費用の分担を求める意思を確定的に表明するに至ったと評価し、その属する月を始期とした審判例もあります（東京家審平27・8・13判時2315・96）。権利者が義務者に対して、すぐに調停や審判を申し立てることができない場合でも、内容証明郵便を送付しておくなど、養育費等や婚姻費用の支払請求時期を明確にしておくことは有用と思われます。

(2) 支払確定までの仮払い等の検討

　調停や審判を申し立てても、早期に調停成立や審判確定に至るとは限りません。調停成立や審判確定により養育費等や婚姻費用の支払が確定するまでの間、義務者が権利者に対して養育費等や婚姻費用を仮払いしてくれるならばよいですが、それがない場合には、権利者においては生活費にも事欠くという場合もあるでしょう。このような場合には、調停や審判の申立人（権利者）は養育費等や婚姻費用の支払が確定する

前に、先行して次のような手続を検討することができます。
① 調停前の仮の処分

　権利者が調停を申し立てた場合には、調停委員会や調停委員会を組織する裁判官に対して、養育費等や婚姻費用の仮払いを求める等、調停前の処分の手続を検討することができます（家事266①②）。調停委員会（急迫の事情があるときは、調停員会を組織する裁判官）が、調停のために必要と認めれば、調停終了までの一時的な仮の処分として、養育費等や婚姻費用の仮払い等を命ずることができるので、その職権の発動を促すという方法です。

　もっとも、調停前の処分には執行力はなく（家事266③）、この命令に従わなかったとしても10万円以下の過料の制裁があるのみであるため（家事266④）、義務者（相手方）の態度如何によっては有用でない場合もあるでしょう。

② 審判前の保全処分

　権利者が、審判又は調停を申し立てた場合には、その本案の審判事件又は調停事件が係属する家庭裁判所に対して、仮差押え、仮処分その他必要な保全処分（審判前の保全処分）を申し立てることを検討できます（家事105）。

　求める保全処分の内容としては、義務者（相手方）の財産の仮差押えのほか、養育費等や婚姻費用の仮払仮処分を検討することが多いと思われます。なお、養育費等や婚姻費用の仮払仮処分等、仮の地位を求める仮処分については、「審判を受ける者となるべき者」（上記仮払仮処分であれば義務者である相手方）の陳述を聴いた上で保全処分を命ずることが原則であるため（家事107）、申立て後それなりの時間を要することは覚悟すべきところです。

　審判前の保全処分を申し立てるに当たっては、求める保全処分の内容に加え、「保全処分を求める事由」を明らかにする必要があります（家事106①）。すなわち、本案の認容の蓋然性と保全の必要性を明らかにする必要があるのです（家事106①・115、民保20・23参照）。そして、申立人はそれらの事由を疎明する義務がありますから（家事106②）、権利者（申立人）は当初より積極的に疎明資料を提出する必要があります。なお、家庭裁判所において必要があると認めるときは、職権で、事実の調査及び証拠調べをすることもあります（家事106③）。

　審判前の保全処分は、疎明に基づいてなされ（家事109①）、告知により効力が生じ（家事109②・74②本文）、即時抗告によって当然に執行停止の効力は生じません（家事111）。したがって、権利者は、審判前の保全処分を受けて、続けて保全執行を行うことにより権利を保全することが容易となります。もっとも、保全処分の執行及び効力は、民事保全法その他仮差押え及び仮処分の執行及び効力に関する法令の規定に

従います（家事109③）。特に、債権者（権利者）に対して保全命令が送達された日から2週間を経過したときは、保全執行ができなくなることには注意が必要と思われます（民保43②。なお、東京高決平4・6・10判時1425・69、東京高決平15・12・25家月56・8・60）。

③ 人事訴訟における保全処分

人事訴訟法は、人事訴訟を本案とする保全命令に関しては、管轄の規定（人訴30）を有するだけで、管轄以外の保全命令の要件や審理手続については、基本的には一般の民事保全と同様に考えれば足ります。

したがって、保全命令の発令については、被保全権利と保全の必要性の2要件が必要であり（民保13①）、この2要件について疎明が必要です（民保13②）。ここで被保全権利とは、保全処分によって保全されるべき本案訴訟の対象となる権利又は法律関係のことをいいますが、離婚の訴えにおいて財産分与等の附帯処分の申立てがなされた場合は、附帯処分によって形成されるべき権利又は法律関係を被保全権利とすることになります。この点、婚姻費用の分担請求は離婚訴訟に附帯して申立てをすることができませんので、保全命令を申し立てることができません。

他方で、養育費の請求は離婚訴訟に附帯して申立てをすることができますので、理論的には、養育費の仮払いの仮処分を考えることができます。これは仮の地位を定める仮処分ですから、係争権利関係について確定判決があるまでの間に、権利者に生じる著しい損害又は急迫の危険を避けるために暫定的に法律状態を形成する保全処分です（民保23②）。

しかし、離婚訴訟係属中に生活に困窮しているのであれば、家事審判で婚姻費用を請求すれば足り、しかも、これによって確定的な債務名義を取得することができますので、一般的には、養育費の仮払仮処分を申し立てる必要性は認められず、実務でもほとんど利用されていません。

【参考書式10】　審判前の保全処分申立書（婚姻費用仮払い）

2　養育費等・婚姻費用の履行確保

(1)　養育費等・婚姻費用の決め方と履行の確保

養育費等・婚姻費用を決める際に、履行確保という観点を考える必要が

あります。信託を利用するという方法も考えられます。
(2)　調停・審判等で決めた場合の特別の履行の確保
　養育費等・婚姻費用を調停・審判等で決めた場合には、履行勧告・履行命令という、特別の履行確保の手段を用いることが可能です。
(3)　債務名義のある養育費等・婚姻費用の履行の確保
　権利者において、養育費等・婚姻費用について債務名義を有する場合には、その債務名義に基づき強制執行をすることができます。養育費等・婚姻費用を含む扶養義務等に関する金銭債権については特別の強制執行の手段が用意されています。

(1)　養育費等・婚姻費用の決め方と履行の確保　■■■■■■■■■■

◆「履行の確保」という観点の重要性
　養育費等・婚姻費用を決めるに当たり、口頭での合意や当事者間の合意書面をもって内容を定めることもあります。
　しかし、仮に書面による合意をしていたとしても、それが債務名義になっていないケースでは、実際に支払が滞ると、履行の確保が容易ではありません。なぜなら、権利者（債権者）において、債務名義を有していない以上、(2)(3)で後述する家事事件手続法上の履行確保の制度や民事執行法上の強制執行の制度を使うことができないからです。権利者においては、養育費等・婚姻費用の支払が実際に滞った場合の履行の確保をどうするかという点も、頭に置きつつ、養育費等・婚姻費用を取り決めることが大切といえます。
　なお、当事者間で、養育費等・婚姻費用の取決めをしたものの、債務名義にはなっておらず、実際に支払が滞った場合にも、権利者においては、速やかに債務名義取得に動いた方がよいでしょう。具体的には、義務者に対して公正証書を作成するように促すほか、より直接的に、養育費等・婚姻費用分担の調停・審判申立てをするという方法も考えられます（権利者が義務者に対して養育費等・婚姻費用分担の調停・審判申立てをするという場合には、1で述べたとおり、審判前の保全処分による履行の確保も可能となるといえます。）。

◆債務名義を取得する以外で、履行の確保を意識した方法

① 一括前払という方法

　債務名義を取得するという方法以外で、履行の確保という観点からは、義務者から一括前払してもらうという方法も考えられます。特に、養育費等については、合意時に終期が明らかな場合も多く（「子が20歳に達する月まで」など）、一括前払の計算は可能ともいえます。

　この点、養育費等（婚姻費用）は、月払が原則とされていますので、一括前払とする方法は当事者双方が了解できる場合に限られますが、権利者にとっては、今後の履行の確保を考えなくて済むという点で安心です。

　この方法を選択する場合においては、贈与税が課される可能性がある点に注意が必要です。すなわち、「扶養義務者相互間において生活費又は教育費に充てるためにした贈与により取得した財産のうち通常必要と認められるもの」は非課税とされています（相続税法21の3①二）。ここにいう、「通常必要と認められるもの」とは、被扶養者の需要と扶養者の資力その他一切の事情を勘案して社会通念上適当と認められる範囲の財産をいいます（相続税法基本通達21の3-6）。養育費の一括前払を受けた場合が「通常必要と認められるもの」と認定されるかどうか気になります（なお、平成29年4月1日現在法令等を前提にする国税庁タックスアンサーNo.4405によれば、「贈与税がかからない財産は、生活費や教育費として必要な都度直接これらに充てるためのものに限られます。したがって、生活費や教育費の名目で贈与を受けた場合であっても、それを預金したり株式や不動産などの買入資金に充てている場合には贈与税がかかることになります。」とあります。）。

―――― アドバイス ――――

○養育費の一括前払は得か

　養育費の一括前払は、その後の履行の確保を考えなくて済みますので、安心な面があります。しかし、合意（調停）時には予想不可能とまではいえないまでも、子が成長するにつれて教育に係る選択肢は増え、学習塾に通わせる、公立学校ではなく私立学校に通わせる等を選択した結果、親権者が思っていた以上に、その費用等が嵩んでしまうということは十分にあり得ます。そのような場合、養育費等が不足するからといって、更なる養育費の請求が必ずしも認められるわけではありません。一例として、東京高裁平成10年4月6日決定（家月50・10・130）では、調停離婚に際して一括前払で高額の養育費（子が成年に達するまでの養育費として1,000万円）が支払われた事案において、親権者からの更なる養育費の請求につき、養育費の請求を認めるだけの「事情の変更」を認めず、

申立てを却下（原審取消し）しています。
　また、東京高裁昭和31年6月26日決定（家月8・7・46）によれば、一括前払の場合、中間利息を控除した計算方式を用いるべきとされています。
　このような裁判例も参考に、また、民事執行法の改正により強制執行による履行確保も容易となったこと（(3)で後述します。）等も考慮に入れた上で、あえて養育費の一括前払を求めるべきかを検討すべきでしょう。

② 金銭の寄託に関する契約を締結するという方法

　養育費等（婚姻費用）の一括前払を選択したい場合、前述のとおり税務上のリスクがありますので、信託銀行との信託契約を用いる方法は有用といえます。
　いわゆる「養育信託」です。
　通達により租税優遇があり、具体的には、養育費等を一括して信託銀行に預け入れ、子を委託者兼受益者とし、義務者を契約解除同意者とする均等割給付金の受給を前提とした金銭信託契約を締結するという方法をとります（通達を意識した調停条項例として、池田秀敏編『家事事件の法務・税務・登記』81頁以下（新日本法規出版、2014）参照）。
　この方法をとれば、定期金として子の口座に養育費が振り込まれることになるため、無計画に養育費が使われてしまう心配もなくなります（前掲東京高決平10・4・6）。
　ただし、毎年支払を受ける給付金のうち収益から成る部分について所得税の課税対象となります（所税23）。

(2) 調停・審判等で決めた場合の特別の履行の確保

　養育費等・婚姻費用について、調停で合意したり又は審判で命じられた場合には、家事事件手続法上、①履行勧告（家事289）と、②履行命令（家事290）という2種類の履行確保の手段が用意されています。
　もちろん、権利者においては後述の強制執行による履行確保も可能です。
　しかし、権利者においても強制執行までは決断できない等の場合、義務者に自発的に養育費等・婚姻費用の支払義務を履行させるようにするには有用な手段といえます。

◆履行勧告
　権利者の申出により、義務を定める審判又は調停をした家庭裁判所（抗告裁判所が当該裁判をした場合等にあっては第一審裁判所である家庭裁判所。以下同じ。）は、その審判又は調停で定められた義務（養育費等支払義務や婚姻費用分担義務）の履行状

況を調査し、義務者に対し、その義務の履行を勧告することができます（いわゆる「履行勧告」）（家事289①⑦）。履行勧告の申出につき、方式の定めはなく（口頭でも可能です。）、また、手数料は不要です。

　義務の履行状況の調査及び履行の勧告をする家庭裁判所においては、その調査及び勧告に関して、次のような広範な手段をとることができます。すなわち、適当と認める場合（例えば、義務者の住所が他の家庭裁判所の管轄地域にある等）には、他の裁判所に対して調査及び勧告を嘱託することができます（家事289②）。また、家庭裁判所調査官に義務の履行状況の調査及び勧告をさせることができます（家事289③）。また、事件の関係人の家庭環境その他の環境調整を行うために必要があると認めるときは、家庭裁判所調査官に社会福祉機関との連絡その他の措置をとらせることもできます（家事289④）（もっとも強制力はありません。）。さらに、調査及び勧告に必要な調査を官庁、公署その他適当と認める者に嘱託し、又は銀行、信託会社、関係人の使用者その他の者に対し関係人の預金、信託財産、収入その他の事項に関して必要な報告を求めることもできます（家事289⑤）（もっとも強制力はありません。）。

　家庭裁判所は、義務の不履行の態様や理由のほか履行状況の調査をした結果、義務者において正当な事由がないのに不履行に至っていることが明らかとなった場合には、義務者に対して、その義務の履行を勧告することになります（履行勧告についても方式に定めはなく、書面だけではなく口頭によっても行われます。）。

　この履行勧告に応じて義務者が義務を履行して履行完了をした場合のほか、①1回ないし数回履行があり、将来も履行の見込みが強い、②強制執行申立て、③再調停の申立て、④申出の撤回、⑤所在不明のため勧告不能の場合などに、裁判官が、調査及び勧告をしないことが相当と認める旨、又は調査及び勧告を終了させて差し支えない旨を認定（いわゆる「終了認定」）し、事件を終了させる取扱いがなされています（梶村太市ほか編『家事事件手続書式体系Ⅱ』481頁（青林書院、2014））。

　履行勧告を利用するのに費用もかからず、申出も容易である等のため、履行勧告を契機として任意の支払が促されるという意味で有用な手段といえます。もっとも、あくまで「勧告」に過ぎませんので、その意味での限界はあります。

◆履行命令

　権利者の申立てにより、義務を定める審判又は調停をした家庭裁判所は、その審判又は調停で定められた金銭の支払その他の財産上の給付を目的とする義務の履行を怠った者がある場合において、相当と認めるときは、義務者に対し、相当の期限を定めてその義務の履行をすべきことを命ずる審判をすることができます（いわゆる「履行

命令」)(家事290①③)。履行命令の申立てについては、申立書を家庭裁判所に提出し(家事49①)、収入印紙500円(民訴費3①・別表1⑰イ(ハ))の貼付及び予納郵券を納める必要があります。

　履行勧告と異なり、履行命令に従わない場合には過料の制裁を伴うため、その点、手続的に配慮されています。具体的には、履行命令をする際には義務者の陳述を聴かなければなりません(家事290②③)。また、履行命令は、義務者が履行を怠った義務の全部のほか、一部についてのみすることもできます(家事290①後段)。

　また、履行勧告と異なり、履行命令は、家庭裁判所のなす審判であるため、その審判の手続については家事審判に関する規定(家事2編1章)に従って行われます(家事290④)。したがって、履行命令は、書面により発令され(家事76)、義務者に告知することによって効力が生じ(家事74②)、履行命令又はその申立てを却下する審判のいずれにも不服申立てをすることはできません(家事85①)。

　履行命令によって、義務の履行を命じられたにもかかわらず、義務者において正当な理由なくその命令に従わないときは、家庭裁判所は、10万円以下の過料に処することができます(家事290⑤)。

　このように、履行命令違反に対しては過料の制裁があることによって、履行命令による義務の履行を促されるという意味では有用な手段といえます。もっとも、10万円以下の過料に処せられることをものともせず義務の履行に応じない義務者に対しては限界があるといえます。

◆離婚等とともに申し立てられた附帯処分として裁判で定められた場合
　なお、養育費等について、離婚等とともに申し立てられた附帯処分として裁判で定められた場合でも、家事調停・審判の場合と同様に、履行勧告(人訴38)及び履行命令(人訴39)の手段は認められています。

　しかし、調停が成立せずに訴訟まで至った場合には、紛争性が高く、履行勧告等が効果を生ずる事案は少なく、後述する強制執行手続の活用が求められるとされています(東京家庭裁判所家事第6部編『東京家庭裁判所における人事訴訟の審理の実情〔第3版〕』45頁以下(判例タイムズ社、2012))。

――――― アドバイス ―――――
○強制執行に先立ち、履行勧告・履行命令の手続をとる方がよいか
　養育費等・婚姻費用の支払に関しても、審判又は調停で定められた義務が国家の強制力によることなく実現されることは、当事者の人間関係にとって望ましく(履行勧告に

についての記述（長山義彦ほか『新版　家事事件の申立書式と手続』703頁（新日本法規出版、2015））。）、家事事件において定められる財産上の給付義務の多くは、その権利者の日常生活を維持するために必要なもので、不履行の場合でも零細なため強制執行による権利の実現がされ難い（履行命令についての記述（長山ほか・前掲705頁）。）といえるため、履行勧告・履行命令を先行することが有用である場合もあるでしょう。

　しかし、法律的には、履行勧告・履行命令を先行する必要があるわけではありません。かえって、履行勧告・履行命令を先行させることによって、裁判所を使ってでも義務の履行を望むという権利者の意向が伝わり、義務者においてそれに続く強制執行を予見して対策を練る可能性も否定できないといえます（例：権利者が知っている預金口座を解約する等）。

　結局、権利者において、履行勧告・履行命令の手続をとれば義務者が速やかに義務を履行してくれそうなのか、それとも、執行力等直接的な強制力による方が権利の実現がしやすいのか等について、義務者の性格や遵法精神の有無・程度、置かれている立場や環境等に照らして検討する必要があると思われます（なお、同様の理由で、履行命令前に履行勧告の手続を必ずとらなければならないわけでもありません。）。

　もっとも、後述のとおり、民事執行法の各種改正により、養育費等・婚姻費用を含む扶養義務等に係る金銭債権については各種配慮がなされていることもあり、従来よりも、強制執行の活用を検討する機会は増えているのではないかと思われます。

【参考書式11】　　履行勧告申出書
【参考書式12】　　履行命令申立書

(3)　債務名義のある養育費等・婚姻費用の履行の確保

◆債務名義と強制執行

　養育費等・婚姻費用分担に関して、権利者が、執行力のある債務名義の正本（具体的には、家庭裁判所で作成した調停調書、審判書、判決、公証人の作成した公正証書（公証人が作成した公正証書で、債務者が直ちに強制執行に服する旨の陳述が記載されている執行証書に限ります。）等）を有する場合には、強制執行によって実現することができます。

　この点、判決や公正証書については執行文の付与を受ける必要がありますが、調停調書や審判書は、それが養育費等・婚姻費用の分担金の支払を求めたものであり、それらを請求債権とするのであれば、執行文の付与を受ける必要はありません（家事75・

268①②)。

◆養育費等・婚姻費用を含む扶養義務等に係る金銭債権（定期金債権）の特例
　特に、養育費等・婚姻費用を含む扶養義務等に係る金銭債権（定期金債権）については、定期金の額が少額であることが通常であり、権利者の生活の維持に不可欠であるという特質から、平成15、16年の民事執行法改正により特例が定められました。
　すなわち、①間接強制による強制執行も可能とされ（民執167の15）、②確定期限到来前の差押えも認められ（民執151の2）、③差押禁止の範囲が縮小され（民執151の2・152③）、履行の確保の強化が図られています。

アドバイス

○義務者が自己破産した場合は、養育費等支払義務や婚姻費用分担義務はどうなるか
　　破産法の改正により、義務者が自己破産した場合でも、養育費等支払義務や婚姻費用分担義務は非免責と明記されました（破産253①四ロ・ハ）。
　　もっとも、調停条項や和解条項において、養育費等・婚姻費用に関する請求権であることを明確にしておかないと一般の破産債権として免責されてしまうおそれもあるため（橋本昇二・三谷忠之『実務法律講義⑭実務家族法講義〔第2版〕』252頁（民事法研究会、2012））、その点に留意する必要があります。

◆扶養義務等に係る金銭債権についての間接強制
　扶養義務等に係る金銭債権についての間接強制を定める、民事執行法167条の15は、民事執行法の平成16年改正（「民事関係手続の改善のための民事訴訟法等の一部を改正する法律」平成16年法律152号）により創設された規定です。
　強制執行の方法としては、直接強制と間接強制の2種類がありますが、間接強制の補充性により、間接強制は原則として非代替的作為義務及び不作為義務の場合にしか利用できないと解されてきました。しかし、平成15年の民事執行法改正（直接強制及び代替執行が可能な物の引渡し（民執173））に続き、平成16年改正によって、扶養義務等に係る金銭債権についても間接強制が認められるに至りました（民執167の15）（なお、民事執行法167条の16により、◆扶養義務等に係る定期金債権を請求債権とする場合の特例、及び差押禁止債権の範囲の縮小で後述する扶養義務等に係る定期金債権を請

求する場合において、その一部において不履行があるときは、当該定期金債権のうち6か月以内に確定期限が到来するものについても、同様に間接強制が可能です。）。

　その立法趣旨は、養育費等・婚姻費用を含む扶養義務等に係る金銭債権は権利者の生計の維持に不可欠であり、特に保護の必要が高いことから、その権利の性質にかんがみ、裁判所がこれらの義務の履行をしない債務者に対して、金銭の支払を命じることで心理的強制を加え、権利の実現の円滑化を図ることにあります。

　したがって、執行裁判所は、「債務の履行を確保するために相当と認める一定の額」を間接強制金として定めることになります（民執167の15①本文・172①）。特に、養育費等・婚姻費用といった扶養義務等に係る金銭債権についての間接強制では、金銭債権についての間接強制である点にかんがみ、債務者にとって過酷な結果が生じるのを避けるため、「債務不履行により債権者が受けるべき不利益」並びに「債務者の資力及び従前の債務の履行の態様」を特に考慮して間接強制金を定めることになっています（民執167の15②）。「債務不履行により債権者が受けるべき不利益」が大きかったり、「従前の債務の履行の態様」として履行拒絶の態様が強固であれば（心理的強制をより強く加えるため）、間接強制金の額も高くなることになります（田中良武「平成18年度主要民事判例解説」判例タイムズ臨時増刊1245号213頁）。

　この点、間接強制金には、「遅延の期間に応じ」（民執172①前段）一定額の支払を命じる定期払方式と、「相当と認める一定の期間内に履行しないときは直ちに」（同後段）一定額の支払を命じる一時払方式がありますが、前者においては、民事執行法167条の15第2項による考慮の結果、日額1,000円～5,000円を定める裁判例が散見されます（後述 ケーススタディ 【ケース1】掲載裁判例参照）。

　また、間接強制金を決める際に「債務者の資力」は考慮されますが（民執167の15②）、そもそも、間接強制は、扶養義務等に基づく金銭の支払が真に困難である者に対して行われると、その者にとって過酷な事態を招く危険性があることから、債務者が、「支払能力を欠くためにその金銭債権に係る債務を弁済することができないとき、又はその債務を弁済することによってその生活が著しく窮迫するとき」は、間接強制の決定はできません（民執167の15①ただし書）。具体的には、債務者の資力がないため金銭債権に係る債務を弁済することができないとき、又は、その債務を弁済することによって債務者が最低限度の生活も維持できなくなるときをいいます。この要件に該当するか否かは、債務者の資力及び債務の額並びに債務者と生計を同じくする家族の収入及び支出も考慮して、債務者だけでなく、債務者と生計を同じくする家族の生活が著しく窮迫する場合も含め、具体的な事例に即して判断されることになります（小野瀬厚・原司編『一問一答平成16年改正民事訴訟法・非訟事件手続法・民事執行法』158頁（商事法務、2005）、

田中・前掲212頁以下等）。大阪家裁平成17年10月17日決定（家月58・2・175）は、債務者の経営する会社が破産手続開始決定を受け、債務者自身も自己破産手続開始の申立てをしている（とみられます。審尋において、既に債務者個人としても破産を申し立てたと述べています。）事案において、民事執行法167条の15第1項ただし書の適用を認めたものであり、同規定の要件に該当する典型的な事例といえるでしょう（大濱しのぶ「扶養義務等に係る金銭債権の間接強制に関する事例」民商法雑誌136巻1号166頁）。

　間接強制は、債権者（権利者）が、債務名義の別に従った管轄裁判所に対して申立てを行います（民執167の15①本文・172①⑥・171②・33②）。債権者（権利者）は、事案に応じて、前述の定期払方式・一時払方式を選択して申立てをすることになります。申立てには収入印紙2,000円（民訴費3①・別表1⑪の2イ）及び予納郵券が必要となります。添付書類としては、申立書の副本のほか、執行力のある債務名義の正本・同正本の送達証明書・債務名義が審判であれば同審判の確定証明書など、その後の手続（債務者審尋など）を円滑に進めるために申述書の提出を求められることもあります。

　間接強制の決定をするときは、申立ての相手方である債務者（義務者）の審尋をしなければなりません（民執172③）。

　審理の結果、間接強制の申立てに理由があるときは、間接強制の決定がなされ、債権者及び債務者に対して告知します（民執規2①二）（なお、申立ての要件を欠くときには決定で申立てを却下しますが、債務者に対して告知する必要はありません（民執規2②）。）。債務者（義務者）は、この決定に対して執行抗告をすることができます（民執167の15⑥・172⑤）。決定後事情の変更があったきは、執行裁判所は、申立てにより、「債務の履行を確保するために相当と認める一定の額」を変更（増減）する決定をすることもできます（民執172②）。

　ケーススタディ

【ケース1】

Q 定期払方式における間接強制の存続期間を制限することは可能か。

A 定期払方式における、間接強制の存続期間の制限の許否について、条文上は明らかではありません。しかし、存続期間を制限しないと間接強制金の累積により債務者に過酷となるおそれがあることから、存続期間の制限をする裁判例が散見されます。

旭川家裁平成17年9月27日決定（家月58・2・172）は、婚姻費用分担支払債務についての間接強制の事例です。定期払方式を定め、その間接強制金の額については、これまでの支払状況等諸般の事情を考慮し、1日当たり3,000円とする一方で、「間接強制金の累積によって債務者に過酷な状況が生じるおそれのあることを考え、」支払済まで各一定の日数を限度として間接強制金の支払を命じました。間接強制の存続期間の制限を通して、強制金の総額が執行債権額を超えないように工夫されているといえます（大濱・前掲166頁）。

その後も、間接強制の存続期間を制限した裁判例が散見されます（大阪家決平19・3・15家月60・4・87、横浜家決平19・9・3家月60・4・90、広島家決平19・11・22家月60・4・92）。なお、定期払方式と一時払方式を組み合わせて間接強制金の支払を定めているものもあります（横浜家川崎支決平19・1・10家月60・4・82）。

【ケース2】

Q 債務者が債務の全部を弁済する資力を有していない場合に、間接強制は可能か。

A 民事執行法167条の15第1項の趣旨等を踏まえ、債務者において債務の全部を弁済する資力は有していないものの、債務の一部について弁済する資力がある場合には、間接強制の申立てを全て却下するのではなく、弁済の資力を有する限度でこれを認めることができるとの裁判例があります（東京高決平26・2・13金法1997・118）。この裁判例の事案というのは、債務者が預金及び保険の解約返戻金として367万円余の資産を有しているため、少なくとも360万円程度については支払能力に欠けるところはなく、これを弁済することによって、その生活が著しく窮迫することになるとも解することができず、他に民事執行法167条の15第1項ただし書所定の事由を認めるに足りる事情もないとして360万円の限度で間接強制を認めたものです。

原審は反対の結論であり、また、従前より議論のあった問題でもありますので（大濱・前掲175頁以下）、今後の裁判例の動向が注目されます。

◆扶養義務等に係る定期金債権を請求債権とする場合の特例、及び差押禁止債権の範囲の縮小

平成15年の民事執行法改正により、扶養義務等に係る定期金債権を請求債権とする

場合の特例が創設されました（民執151の2）。すなわち、養育費等・婚姻費用を含む扶養義務等に係る定期金債権によって、債務者が有する「給料その他継続的給付に係る債権」を差し押さえる場合において、その定期金債権の一部が不履行になっているときは、民事執行法30条1項の特例として、いまだ期限が到来していない定期金債権についても「給料その他継続的給付に係る債権」に対する債権執行を開始することができるというものです（民執151の2①。ただし、民執151の2②。）（なお、◆扶養義務等に係る金銭債権についての間接強制で前述したとおり、上記定期金債権のうち6か月以内に確定期限が到来するものについては間接強制も可能です（民執167の16）。）。扶養義務等に係る定期金債権は少額であることが多く、確定期限の到来をするたびに再度強制執行の申立てをせざるを得ないとするのでは、債権者の手続的負担が重過ぎるため、申立てし直す手間がかからないように、予備的差押えを認めたものです。この予備的差押えは、期限既到来の定期金債権の一部に不履行が存することを手続要件として、期限未到来の定期金債権について発令されます。予備的差押え後の手続等に関する特例はないので、通常の債権差押命令と同様です。もっとも、債権者は取立権を取得するものの（民執155①）、予備的差押えの対象は、定期金債権（執行債権）の確定期限の各回の到来後に弁済期が到来する継続的給付債権に限られます（民執151の2②）。必然的に、執行債権、被差押債権の順に弁済期到来を迎えたことが取立権の行使に必要といえ、第三債務者は被差押債権（上記継続的給付債権）の弁済期ごとに取り立てに応ずれば足りることになります。

　また、差押禁止の範囲も、民事執行法152条1項各号に掲げる給与債権等の債権につき、その支払期に受けるべき給付の通常「4分の3」に相当する部分（民執152①②）から、「2分の1」に相当する部分に減縮されています（民執152③）。差押禁止債権の範囲の変更（民執153）を経なくても、「2分の1」まで差し押さえることが可能なのです。その結果、平成16年4月1日施行の民事執行法施行令の改正による差押禁止額の引上げと相まって、債権者が養育費等・婚姻費用を含む扶養義務等に係る定期金債権を請求債権として、債務者の給与及び賞与を差し押さえた場合、具体的には、債務者の月給又は賞与の額（所得税、住民税、社会保険料を控除した残額）が、66万円以下のときは、その2分の1相当額まで、66万円を超えるときは、その額から33万円を差し引いた額まで差し押さえることができます。養育費等・婚姻費用等の履行の確保に資する特例といえます。

第6章　養育費等・婚姻費用の履行確保　　153

> ケーススタディ

Q　養育費を請求債権とする給料等差押命令のうち確定期限が到来していない定期金債権による差押えの部分につき、どのような場合に取消しが認められるか。

A　執行裁判所は、申立てにより、債務者（義務者）及び債権者（権利者）の生活の状況その他の事情を考慮して、その必要性が失われれば、差押命令の全部若しくは一部を取り消すことができます（民執153①前段）。

　この点、東京地裁平成25年10月9日決定（判タ1418・274）の事例が参考になります。すなわち、債務者（義務者）においては、養育費（確定期限未到来分を含みます。）を請求債権とする給料等の差押命令（以下「本件差押命令」といいます。）の発令までは度々養育費の支払を遅滞したものの、本件差押命令後においては、当時支払期限が到来していた養育費等を一括して支払った上、その後も期限が到来した養育費を送金しました。加えて、債務者（義務者）は、本件差押命令の請求債権である養育費全額（子が20歳に達する月までの総額）を債務者（義務者）代理人弁護士に預託した上、債権者（権利者）に対して、期限未到来分を含む養育費全額を直ちに支払うことを提案し、現在までに、これを養育費の支払に充てる旨代理人とともに誓約していました。裁判所は、上記事実認定を前提に、「客観的に養育費の任意履行が見込まれる状況にあるといえる」と評価し、「本件差押命令発令時点で養育費支払義務の一部不履行があったことによる予備的差押えの必要性は、現時点では失われたというべきであ」るとして、期限未到来の請求債権による差押えの部分を取り消したのです。

　このように、将来にわたる任意履行が見込まれる状況にある場合には取消しが認められるといえます。もっとも、将来にわたる任意履行が見込まれる状況にある場合、債権者（権利者）の手続的負担を軽減するための例外として位置付けられる予備的差押えを維持する必要性は少ない一方、予備的差押えを維持することによる債務者（義務者）の有形無形の負担が不相応に重くなると評価することもできるわけですが、取消し後に債務者（義務者）が再び養育費の履行を怠り、債権者（権利者）側の生計維持に支障が生じる可能性も考慮しなければなりません。将来にわたる任意履行が見込まれる状況としてどの程度の確実性が必要なのかを示す事例として参考になります（判例タイムズ1418号275頁参照）。

　その後も、債務者による任意の履行が客観的に見込まれ、差押えを維持するこ

とにより債務者が過大な負担を被るおそれがある場合には、特段の事情のない限り、民事執行法153条1項に基づき、その差押えを取り消すのが相当であるとする裁判例が続いています（東京地決平25・10・9金法1994・107、名古屋地一宮支決平27・1・5（平26（ヲ）1006））。

【参考書式13】　間接強制申立書
【参考書式14】　債権差押命令申立書（扶養義務等に係る定期金債権による差押え）

第6章　養育費等・婚姻費用の履行確保

【参考書式10】　審判前の保全処分申立書（婚姻費用仮払い）

本案事件：平成○年（家）第○号（婚姻費用分担審判申立事件）

審判前の保全処分申立書（婚姻費用仮払い）

平成○年○月○日

○○家庭裁判所　御中

申立人手続代理人弁護士　甲野　太郎㊞

本　籍　〒○○○-○○○○　○○県○○市○○町1丁目2番
住　所　〒○○○-○○○○　○○県○○市○○町3丁目4番地5
申立人　乙川　春子

　　　　〒○○○-○○○○　○○県○○市○○町1丁目2番地3
　　　　　　　　　　　　　○○ビル○階　○○法律事務所（送達場所）
　　　　　　　　　　　　　電話　○○－○○○○－○○○○
　　　　　　　　　　　　　FAX　○○－○○○○－○○○○
上記申立人手続代理人弁護士　甲野　太郎

本　籍　〒○○○-○○○○　○○県○○市○○町5丁目4番
住　所　〒○○○-○○○○　○○県○○市○○町3丁目2番地1
相手方　乙川　次郎

審判前の保全処分申立事件
貼用印紙額　金1,000円

第1　求める保全処分
　相手方は申立人に対し、平成○年○月から本案審判が効力を生ずるに至るまで、毎月末日限り○万円の金員を仮に支払え。
との裁判を求める。

第2　保全処分を求める事由
1　本案事件は、平成○年（家）第○号婚姻費用分担審判申立事件である。
2　申立人と相手方は、平成○年○月○日に婚姻し、当事者間には長男○歳、二男○歳がいる。
3　平成○年○月○日、相手方は「他に好きな人ができた。離婚したい。」等と言って家

155

を出ていったため、以後、申立人は長男及び二男と三人で暮らしている。
4　申立人は、生来病弱で、また、幼少の子を抱えて仕事につくことはできず、全く収入はない。一方、相手方は〇〇の職についており、年収〇万円を下らない収入があり、婚姻費用を分担するに足る収入がある。
5　申立人は相手方に対して、婚姻費用分担を求め協議を申し入れたが、相手方は「離婚してくれ。」というばかりで、婚姻費用の分担の協議には応じてくれない。
6　よって、本申立てに及んだ次第である。

疎明資料
1　甲第1号証　相手方の平成〇年源泉徴収票
2　甲第2号証　申立人の平成〇年非課税証明書
3　甲第3号証　陳述書
　〔以下　略〕

添付資料
1　戸籍謄本（全部事項証明書）　1通
2　甲号証（写し）　各1通
3　委任状　1通

第6章　養育費等・婚姻費用の履行確保

【参考書式11】　履行勧告申出書

<table>
<tr><td colspan="3" align="center">受付印</td></tr>
<tr><td colspan="3" align="center">履　行　勧　告　申　出　書</td></tr>
<tr><td colspan="3">（以下の太枠内にご記入ください。）</td></tr>
<tr>
<td>履行義務を定めた
□　審　判　事　件
☑　調　停　事　件</td>
<td colspan="2">平成〇年（家イ）第〇〇号　☑夫婦関係調整　事件
□子の監護を定める処分（養育費請求）　事件
□（　　　　　　　　　　　）　事件</td>
</tr>
<tr>
<td>□　審　判　日
☑　調停成立日</td>
<td colspan="2">平成〇年〇月〇日</td>
</tr>
<tr>
<td></td>
<td align="center">申　出　人　（権利者）</td>
<td align="center">相　手　方　（義務者）</td>
</tr>
<tr>
<td>氏　名</td>
<td>乙川　春子　㊞
（旧姓　　　　）</td>
<td>乙川　次郎
（旧姓　　　　）</td>
</tr>
<tr>
<td>住　所</td>
<td>〇〇県〇〇市〇〇3丁目4番地5</td>
<td>〇〇県〇〇市〇〇3丁目2番地1</td>
</tr>
<tr>
<td>電　話
（日中連絡の
とれる番号）</td>
<td>〇〇－〇〇〇〇－〇〇〇〇</td>
<td>〇〇－〇〇〇〇－〇〇〇〇</td>
</tr>
<tr><td colspan="3" align="center">申　出　の　趣　旨</td></tr>
<tr><td colspan="3">上記事件につき定められた義務の履行を相手方に勧告してください。</td></tr>
<tr><td colspan="3" align="center">申　出　ま　で　の　履　行　状　況　等</td></tr>
<tr><td colspan="3">
1　上記当事者間の平成〇年〇月〇日に成立した〇〇家庭裁判所平成〇年（家イ）第〇〇号離婚調停事件の調停調書第〇項によって、義務者は権利者に対して、当事者間の長女〇の養育費として、平成〇年〇月分から平成〇年〇月〇日まで、毎月末日限り、各金〇万円を支払うことになっています。

2　義務者は権利者に対し、平成〇年〇月分までその支払をしましたが、平成〇年〇月分以降はその支払をしていません。

3　よって、この申出をします。
</td></tr>
</table>

（履行勧告申出書記載例（裁判所ウェブサイトhttp://www.courts.go.jp/osaka/vcms_lf/f0123.pdf）を加工して作成（2018.3.5））

158　　第6章　養育費等・婚姻費用の履行確保

【参考書式12】　履行命令申立書

受付印	
	家事審判申立書　事件名（　　履行命令　　）
	（この欄に申立手数料として1件について800円分の収入印紙を貼ってください。）
収入印紙　　　　円 予納郵便切手　　円 予納収入印紙　　円	（貼った印紙に押印しないでください。） （注意）登記手数料としての収入印紙を納付する場合は，登記手数料としての収入印紙は貼らずにそのまま提出してください。

準口頭	関連事件番号　平成○年（家イ）第　　○○　　号

○○家庭裁判所　御中 平成○年○月○日	申立人 （又は法定代理人など） の記名押印	乙川　春子　㊞

添付書類	（審理のために必要な場合は，追加書類の提出をお願いすることがあります。）

申立人	本　籍 （国　籍）	（戸籍の添付が必要とされていない申立ての場合は，記入する必要はありません。） 　　　　都　道 　　　　府　県	
	住　所	〒○○○-○○○○　　　　　　電話　○○○（○○○）○○○○ ○○県○○市○○町3丁目4番地5　　　　　（　　　　　　方）	
	連絡先	〒　　-　　　　　　　　　　　電話　　　（　　） 　　　　　　　　　　　　　　　　　　　　（　　　　　　方）	
	フリガナ 氏　名	オツカワ　ハルコ 乙川　春子	大正 昭和　○年○月○日生 平成　（　○○　歳）
	職　業	会社員	

※ 相手方	本　籍 （国　籍）	（戸籍の添付が必要とされていない申立ての場合は，記入する必要はありません。） 　　　　都　道 ○○　　府　㊩　○○市○○町5丁目4番	
	住　所	〒○○○-○○○○　　　　　　電話　○○○（○○○）○○○○ ○○県○○市○○町3丁目2番地1　　　　　（　　　　　　方）	
	連絡先	〒　　-　　　　　　　　　　　電話　　　（　　） 　　　　　　　　　　　　　　　　　　　　（　　　　　　方）	
	フリガナ 氏　名	オツカワ　ジロウ 乙川　次郎	大正 昭和　○年○月○日生 平成　（　○○　歳）
	職　業	会社員	

（注）　太枠の中だけ記入してください。
　　　※の部分は，申立人，法定代理人，成年被後見人となるべき者，不在者，共同相続人，被相続人等の区別を記入してください。

別表第一（1/2）

(942210)

（裁判所ウェブサイト掲載の書式を基に執筆者が独自に作成）

申　立　て　の　趣　旨
相手方に対し、相手方が申立人に対して負担している平成〇年〇月〇日に成立した〇〇家庭裁判所平成〇年（家イ）第〇〇号離婚調停事件の調停調書第〇項に定めた義務の履行を命ずる審判を求めます。

申　立　て　の　理　由
１　上記当事者間の平成〇年〇月〇日に成立した〇〇家庭裁判所平成〇年（家イ）第〇〇号離婚調停事件の調停調書第〇項によって、相手方は申立人に対し、当事者間の長女〇〇の養育費として、平成〇年〇月分から平成〇年〇月〇日まで、毎月末日限り、各金〇万円を支払うことになっています。
２　相手方は、何らの理由を示すことなく、また、御庁の履行勧告にもかかわらず、権利者に対し、平成〇年〇月分以降の支払をしていません。
３　よって、申立ての趣旨のとおり相手方に対し、履行命令をしていただきたくこの申立てをします。

別表第一（2/2）

（裁判所ウェブサイト掲載の書式を基に執筆者が独自に作成）

第6章 養育費等・婚姻費用の履行確保

【参考書式13】 間接強制申立書

受付印	**家事審判申立書 事件名（　　間接強制　　）**
	（この欄に申立手数料として1件について800円分の収入印紙を貼ってください。）
収入印紙　　　　円 予納郵便切手　　円 予納収入印紙　　円	（貼った印紙に押印しないでください。） （注意）登記手数料としての収入印紙を納付する場合は、登記手数料としての収入印紙は貼らずにそのまま提出してください。

準口頭	関連事件番号　平成 ○ 年（家イ）第　　　　○○　　号

	○○ 家庭裁判所　御中 平成 ○ 年 ○ 月 ○ 日	申立人 （又は法定代理人など） の記名押印	申立人代理人弁護士　甲野太郎　㊞

添付書類	（審理のために必要な場合は、追加書類の提出をお願いすることがあります。） 執行力のある調停調書正本1通　同送達証明書1通　申述書1通

申立人 （債権者）	本籍 （国籍）	（戸籍の添付が必要とされていない申立ての場合は、記入する必要はありません。） 　　　都　道 　　　府　県
	住所	〒○○○-○○○○　　　　　電話 ○○○（○○○）○○○○ ○○県○○市○○町3丁目4番地5　　　　　　（　　　　方）
	連絡先	〒　　-　　　　　　　　　　電話　　（　　） 　　　　　　　　　　　　　　　　　　　　（　　　　方）
	フリガナ 氏名	オツカワ ハルコ 乙川　春子	大正 **昭和** 平成 ○年○月○日生 （　○○　歳）
	職業	会社員

※ 債務者	本籍 （国籍）	（戸籍の添付が必要とされていない申立ての場合は、記入する必要はありません。） ○○　都道府県　○○市○○町5丁目4番
	住所	〒○○○-○○○○　　　　　電話 ○○○（○○○）○○○○ ○○県○○市○○町3丁目2番地1　　　　　　（　　　　方）
	連絡先	〒　　-　　　　　　　　　　電話　　（　　） 　　　　　　　　　　　　　　　　　　　　（　　　　方）
	フリガナ 氏名	オツカワ ジロウ 乙川　次郎	大正 **昭和** 平成 ○年○月○日生 （　○○　歳）
	職業	会社員

（注）　太枠の中だけ記入してください。
※の部分は、申立人、法定代理人、成年後見人となるべき者、不在者、共同相続人、被相続人等の区別を記入してください。

別表第一（1/2）

(942210)

（裁判所ウェブサイト掲載の書式を基に執筆者が独自に作成）

第6章 養育費等・婚姻費用の履行確保

申　立　て　の　趣　旨
1　債務者は、〇〇家庭裁判所平成〇年（家イ）第〇号婚姻費用分担調停事件の執行力ある調停調書正本に基づいて、決定の送達を受けた日から〇日以内に（ただし、次の(2)の金員のうち、この期間内に弁済期が到来しない部分については、それぞれの弁済期が経過するまでに）、債権者に対し、次の金員の全額を支払え。 (1)　金〇円（ただし、平成〇年〇月から平成〇年〇月分までの未払婚姻費用の合計金） (2)　平成〇年〇月から同年〇月まで毎月末日限り各金〇万円 2　債務者が、前項の期間内に前項(1)の金員の全額を支払わないときは、債権者に対し、金〇万円を支払え。 3　債務者が、第1項の期間内に第1項(2)の各月ごとの金員の全額を支払わないときは、債務者は債権者に対し、各月分全額の支払がなされないごとに、第1項の期限の翌日から支払済まで、1日につき金〇円を支払え。

申　立　て　の　理　由
債務者は、債権者に対し、執行力のある債務名義正本（〇〇家庭裁判所平成〇年（家イ）第〇号婚姻費用分担調停事件調停調書）の第〇項に基づき婚姻費用分担支払義務があるところ、債務者は、調停成立当初から度々その支払を遅滞し、現時点において、平成〇年〇月分から平成〇年〇月分までの支払を怠っており、未払額が合計〇円となっている。 　前記婚姻費用分担調停が成立した平成〇年〇月〇日からはいまだ〇か月しか経過しておらず、債務者の財産状況は大幅に変化していないと思われる。また、債務者が調停成立時に話していたとおり、調停成立後に給料水準が同一の会社に転職したというが、新たな勤務先を債権者に明かしてはくれない。 　債務者が調停成立当初から度々婚姻費用分担の支払を遅延し、平成〇年〇月から〇月分の支払がなされないため、債権者においては、現在住んでいる住居の家賃の支払を定期的に行えず、貸主に対して家賃支払が遅延した日数分の遅延損害金（合計〇万円）を加算して支払わざるを得なかったところである。 　上記事情等により債権者は間接強制の申立てをすることとした次第であり、民事執行法第167条の15及び第167条の16に基づき申立ての趣旨記載の裁判を求める。

別表第一（2/2）

（裁判所ウェブサイト掲載の書式を基に執筆者が独自に作成）

【参考書式14】　債権差押命令申立書（扶養義務等に係る定期金債権による差押え）

債権差押命令申立書
（扶養義務等に係る定期金債権による差押え）

平成○年○月○日

○○地方裁判所民事部　御中

　　　　　　　　　　　　　　　　　申立債権者　乙　川　春　子㊞
　　　　　　　　　　　　　　　　　電　話：○○－○○○○－○○○○
　　　　　　　　　　　　　　　　　FAX　：○○－○○○○－○○○○

当事者　　⎫
請求債権　⎬　別紙目録のとおり
差押債権　⎭

　債権者は、債務者に対し、別紙請求債権目録記載の執行力のある債務名義の正本に表示された上記請求債権を有しているが、債務者がその支払をしないので、債務者が第三債務者に対して有する別紙差押債権目録記載の債権の差押命令を求める。
　第三債務者に対し、陳述催告の申立て（民事執行法第147条第1項）をする。

添　付　書　類

1　執行力のある債務名義の正本　　1通
2　同送達証明書　　　　　　　　　1通
3　資格証明書　　　　　　　　　　1通

当事者目録

〒○○○－○○○○　○○県○○市○○町3丁目4番地5
　　　　　　　　　　　　　　　　　　　　債権者　乙　川　春　子

〒○○○－○○○○　○○県○○市○○町3丁目2番地1
　　　　　　　　　　　　　　　　　　　　債務者　乙　川　次　郎

〒○○○-○○○○　○○県○○市○○町2丁目1番地1
　　　　　　　　　　　　　　　第三債務者　　○○株式会社
　　　　　　　　　　　　　　　代表者代表取締役　○　○　○　○

請求債権目録
（扶養義務等に係る確定債権及び定期金債権等）

　○○家庭裁判所平成○年（家イ）第○○号夫婦関係調整調停事件の調停調書正本に表示された下記債権及び執行費用

1　確定期限が到来している債権及び執行費用○円
(1)　金○○円
　　ただし、調停条項第○項記載の平成○年○月から平成○年○月まで1か月○万円の養育費の未払分（支払期毎月末日）
(2)　執行費用　○○円
　（内訳）本命令申立手数料　　　　　　金4,000円
　　　　　本命令送達費用及び同通知費用　金○○円
　　　　　本命令申立書作成及び提出費用　金○○円
　　　　　資格証明書交付手数料　　　　　金○○円
　　　　　送達証明書交付手数料　　　　　金○○円
　　合計　金○○円
2　確定期限が到来していない各定期金債権
　　調停条項第○項記載の平成○年○月から平成○年○月（債権者、債務者間の長男○○が満20歳に達する月）まで、毎月○日限り、金○万円ずつの養育費

差押債権目録

1　金○○円

2　平成○年○月から平成○年○月まで、毎月○日限り、金○万円ずつ（請求債権目録記載の2）

　債務者が第三債務者から支給される下記債権にして、本命令送達時に支払期にある分以降、頭書1及び2の金額に満つるまで
　ただし、頭書2の金額については、その確定期限の到来後に支払期が到来する下記債権に限る。

記

1　毎月の給料（基本給と諸手当。ただし通勤手当を除く。）から給与所得税、住民税、社会保険料の法定控除額を差し引いた残額の2分の1
　　ただし、上記残額が66万円を超えるときは、その残額から33万円を控除した金額
2　各期の賞与から1と同じ法定控除額を差し引いた残額の2分の1
　　ただし、上記残額が66万円を超えるときは、その残額から33万円を控除した金額
3　なお、上記1及び2により頭書金額に達しないうちに退職したときは、退職金から所得税、住民税の法定控除額を差し引いた残額の2分の1にして、上記1及び2と合わせて頭書金額に満つるまで

第 7 章

事情変更と養育費等の変更

第7章　事情変更と養育費等の変更　　167

＜フローチャート～事情変更と養育費等の変更＞

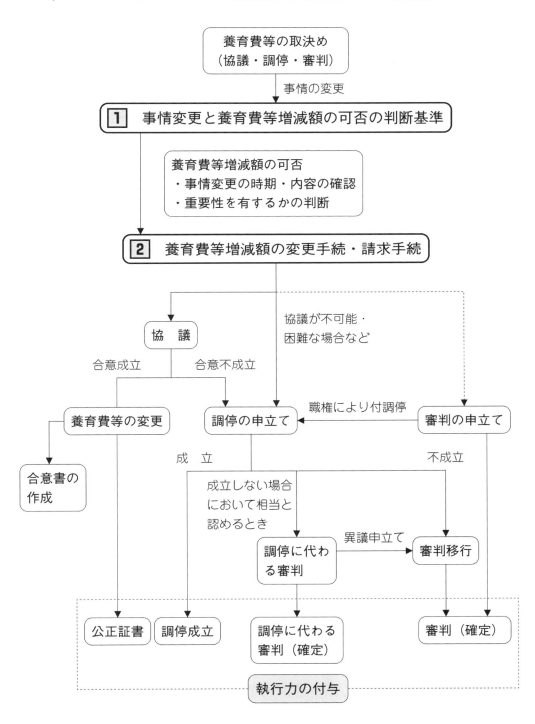

# 第7章 事情変更と養育費等の変更

1 事情変更と養育費等増減額の可否の判断基準

(1) 養育費等増減額の可否
　一旦取り決めた養育費等を変更することができるか確認します。
(2) 事情変更の時期・内容の確認
　元の取決め後に事情変更が生じたといえるかを検討します。
(3) 重要性を有するかの判断
　当該事情の変更が養育費等の増減額を請求するほどの重要性を有するか検討します。

(1) 養育費等増減額の可否

　離婚時などに父母が子の養育費に関して合意をした場合、別居時に夫婦間で婚姻費用に関して合意をした場合、その合意内容には法的効果が生じます。養育費・扶養料・婚姻費用（以下「養育費等」といいます。）の合意が調停や審判による場合には、調停調書（家事268①②、民執22七）や確定した審判（家事75）が、合意内容を公正証書にした場合には公正証書（民執22五）が債務名義となり、これらに執行力が付与されます。公正証書などにはよらない父母間、夫婦間の合意書や口頭による約束でも、執行力こそありませんが、法的な効果は発生します。
　そのため、一旦養育費等について定めた場合には、父母ないし夫婦のどちらかが一方的にその内容を変更したり、取り消したりすることはできなくなります。
　しかし、養育費等の支払は比較的長期間の合意となることも多く、合意時には予測し得ないような環境の変化や事情の変化が生じることもよくあることです。事情の変化に応じて養育費等の増減額をすべき必要性も高いといえます。
　このような場合にも柔軟に対応すべく、一旦定めた養育費等についても、その後に事情の変更を生じたときには増減額の請求をすることができるとされています（民880準用ないし類推適用）。

(2) 事情変更の時期・内容の確認

　養育費等の増減額が可能となるのは、元の取決めの際に考慮された事情、取決めの前提や基準とされた事情に変更が生じたときです。元の取決め時に当事者において当

然予見し得た事情がその後実現しただけの場合には、原則として事情の変更があったとはいえません。一方、取決め時に存在しても知り得なかった事情が後に判明したような場合には、養育費等の変更・取消しができるとされています（福岡高宮崎支決昭56・3・10家月34・7・25、広島家審平11・3・17家月51・8・64、東京高決平19・11・9家月60・6・43）。

なお、元の取決め内容が当時妥当であったか否かは、民法880条の審判の対象とはならないとされています（於保不二雄・中川淳編『新版注釈民法(25)親族(5)〔改訂版〕』805頁（有斐閣、2004））。

◆**養育費等を請求しないとの合意と事情変更**

離婚時などに父母が養育費を請求しないとの合意をした場合、その合意内容が著しく子に不利益で子の福祉を害するなどの事情がない限りは、当該不請求の合意は父母間においてのみ効力を有するとされています。しかし、養育費の不請求合意をした場合でも、その後、事情に変更が生じたときには、養育費等を請求することができるとされています（大阪家審平元・9・21家月42・2・188）。

とはいえ、一度不請求の合意がなされると、子自身が扶養料を請求する場合であっても、不請求の合意時から事情の変更があったか否かが考慮される場合もあり、不請求の合意が不利に影響する可能性があります（宇都宮家審昭50・8・29家月28・9・58）。養育費不請求の合意は、離婚や親権者の指定を円滑に進めるために離婚時の取引の一つとして用いられることもありますが、上記のような影響があることから、不請求の合意は安易に成立させないよう留意する必要があります。

（ケーススタディ）

Q 離婚時に公正証書において、養育費の支払を怠った場合には期限の利益を喪失するという条項を定めた。その後、義務者が養育費の支払を怠り期限の利益を喪失した場合には、事情の変更があったとしても養育費の減額を請求することができなくなるか。

A 養育費等の合意の中に期限の利益喪失条項が定められていたときに期限の利益を失った場合は、従前取り決めた養育費の額に基づいて滞納分と将来の未払分の合計額を一括して支払う義務を負うことになるため、もはや減額を請求できる余地はないようにも思われます。

この点、養育費の支払に期限の利益が定められていたケースで、その後事情の変更が生じたとして養育費の減額変更を認めた事例があります（東京家審平18・6・29家月59・1・103）。

その理由として、上記審判は、養育費はその定期金としての本質上、月ごとに具体的な養育費支払請求権が発生するもので、そもそも期限の利益喪失約定に親しまない性質というべきであり、また、養育費の定期金としての本質から生じる事情変更による減額変更が期限の利益喪失約定により許されなくなる理由はないからであるとしています。

このように、養育費はその性質上期限の利益喪失条項になじまないことから、審判や調停においては、懈怠約款を避ける運用がなされています。

(3) 重要性を有するかの判断

事情の変更があったとして、養育費等の増減額が認められるのは、「前審判又は協議により定められた現在の扶養関係をそのまま維持することが当事者のいずれかに対してもはや相当でないと認められる程度に重要性を有する」ものとされています（福岡高宮崎支決昭56・3・10家月34・7・25）。多少事情に変化があったとしても、重要性があまり高くなければ養育費等を増減額できるほどの事情の変更には当たらないことになります（福島家審昭46・4・5家月24・4・206）。重要性があるか否かの判断は、個別の事案によって異なります。

離婚後権利者が再婚し、再婚相手と子が養子縁組をした場合や義務者に再婚相手との間で子が誕生した場合など、身分関係（扶養関係）に変更が生じた場合には、重要な事情の変更があったとして養育費の増減額が認められやすいといえるでしょう。その他、父母や夫婦のどちらか又は双方の収入の増減、子の進学や病気などによる養育費の増大、父母や夫婦のどちらか又は双方の大きな病気や怪我による収入減少や費用増大などが事情変更として考えられます。

◆養育費の増減額請求が認められなかった事例

養育費の増減額請求（分担期間の延長も含みます。）が認められなかった事例としては、以下の裁判例があります。
・権利者の生活程度が普通以上で日常生活に事欠くようなことがない場合に、子が学齢期に達しその教育費を含めて養育費が多少増加する程度のことは事情の変更に当たらないとしたもの（福島家審昭46・4・5家月24・4・206）

- 子が18歳に達するまでと養育費の分担期間を定めた場合に、子の大学進学等に費用を要するとしても、合意後、子が権利者の再婚相手と養子縁組をしたり、義務者も再婚しその者との間に子が誕生するなどの事情の変更があったにもかかわらず、18歳まで合意どおり養育費を払い続けた経緯に照らせば、養育費の分担期間の終期を延長すべき事情の変更があったとみるのは相当ではないとしたもの（大阪高決平19・11・9家月60・6・55）

◆**養育費等の増減額請求が認められた事例**
養育費等の増減額請求が認められた事例としては、以下の裁判例があります。
- 子が養育親の再婚相手と養子縁組をし、義務者も別の相手と再婚したことは、前の合意がなされた当時予測しあるいは前提とし得なかったことと解されるので、前の合意の変更が許されるとしたもの（東京家審平2・3・6家月42・9・51）
- 調停成立時よりも義務者の収入が著しく減少したばかりでなく、再婚後の家庭の生活費を確保せねばならないなど、生活状況が大きく変化したことが明らかであるとして、調停で定められた養育費の減額変更をしたもの（山口家審平4・12・16家月46・4・60）
- 義務者が再婚し、子をもうけたという事情は、再婚相手に収入がない現時点では養育費の条項を変更すべき事情に当たるとして、再婚相手の育児休業期間が終了する月までに限り養育費を減額したもの（福島家会津若松支審平19・11・9家月60・6・62）
- 調停離婚後、父母の双方が再婚し、義務者は再婚相手の子らと養子縁組をしており、これらはいずれも調停時には想定されていなかった事情であり、民法880条にいう「事情に変更が生じたとき」に該当するとして、前の調停で定められた養育費の減額を認めたもの（福岡高決平26・6・30判タ1410・100）
- 前の審判が確定した後、義務者が失職したことから婚姻費用減額の必要性を認め、前の審判時に既に出生していた婚外子について義務者が認知したことについては、当該婚外子の福祉の観点から事情の変更として考慮すべきとし、婚姻費用を減額したもの（大阪家審平26・7・18判時2268・101）
- 離婚に伴い公正証書により養育費を定めていたところ、権利者が再婚したことなどを理由に養育費の負担を3分の2に縮減し、さらにその後義務者も再婚し、再婚相手との間に長男をもうけ、これらの者に対する扶養義務を新たに負うに至ったことから、養育費の額を変更したもの（東京高決平28・7・8判時2330・28）

> **アドバイス**

○再婚した場合の養育費の考え方

＜権利者が再婚した場合＞

　権利者の再婚相手と子が養子縁組をしていない場合、一般的には、義務者の養育費の減額は認められにくくなります。一方、権利者の再婚相手と子が養子縁組をした場合、子に対する第一次的な扶養義務があるのは養親である再婚相手となるため、再婚相手にそれなりの収入がある場合には、義務者は将来的に養育費の支払を免れる可能性があります。ただ、養親の収入だけでは子の養育に不十分である場合など特殊な事情があると、実の親として扶養義務を免れることはできないことがあります（減額の可能性はあります。）。

＜義務者が再婚した場合＞

　義務者の再婚相手に収入がない場合や、義務者と再婚相手との間に新たに子が誕生した場合など、義務者に新たに扶養すべき者が増えた場合には、事情の変更による養育費の減額が認められやすくなります。一方、義務者の再婚相手に十分な収入がある場合や再婚相手との間に子がいない場合など、義務者が扶養する必要がない場合には養育費の減額が認められにくいでしょう。

2　養育費等増減額の変更手続・請求手続

(1)　協　議

　当事者間で協議をし、事情変更後の養育費等について合意に達した場合には公正証書や合意書などを作成します。

(2)　調停の申立て

　協議が調わなかった場合、協議をすることが不可能又は困難な場合には、養育費等の増減額を求める調停を申し立てます。

(3)　調停の成立・不成立による審判の検討

　調停で合意がまとまれば調停が成立し、まとまらなければ不成立として審判に移行します。その他、調停に代わる審判という手続もあります。

(1) 協　議

　離婚時などに父母が子の養育費に関して取決め（協議、調停、審判）をした後に、事情の変更があった場合などには、1(1)のとおり、養育費等の増減額を相手方に求めることができます。

　その変更手続・請求手続として、まずは、相手方と協議ができるかどうかを検討します。

　協議の結果、養育費等の増減額の合意ができた場合には、その変更内容を公正証書や合意書などに残しておくことが大切です。思い違いなどにより、合意内容が曖昧になってしまうこともよくあります。養育費等の支払は長期間に及ぶことも多いので、双方の合意内容を明確にし、書面に残しておくことが重要となります。

　変更後の養育費等について公正証書を作成しておけば、変更後の養育費等について不履行が生じた場合でも強制執行を行うことができます。

ケーススタディ

Q　離婚時に養育費を調停で決めたが、その後、義務者が病気で大幅に給料が下がり、調停で決めた養育費を払っていくことができなくなった場合、このような事情の変更があれば、請求異議の訴えにより、調停調書の執行力を排除することができるか。

A　調停成立後に生じた事情変更により扶養義務が消滅したことを事由として、当該調停調書の執行力の排除を求めた請求異議の訴えに対し、主張自体失当であるとした裁判例があります（大阪高判昭52・2・3判時863・61）。この裁判例によれば、請求異議の訴えにより調停調書の執行力を排除できないことになります。

　上記裁判例は、調停調書に記載された扶養義務の具体的内容である金員支払義務は、当事者双方の合意に基づき家庭裁判所における調停が成立することによって初めて形成確定されるものであり、このようにして形成確定された具体的な金員支払義務は、単にその後の客観的な事情の変更によって実体法上当然に変更消滅するものではないと判示しています。

　調停成立後に事情の変更が生じた場合には、まずは、当事者間で協議により合意を成立させるか調停や審判などの手続をとるべきといえるでしょう。

(2) 調停の申立て

　協議が調わない場合や、当事者間での協議が不可能又は困難である場合には、調停の申立てをします（家事244）。最初から審判を申し立てることもできますが、実際には、審判の申立てがあっても裁判官の判断により調停に付して、先に調停手続を試みることが多いようです（家事274①）。一定期間金員を払っていくことを求めるという性質上、当事者間の話合いを基本とする調停手続を先行させるのが相当という判断によるものと思われます。

　調停が不成立となった場合には、家事調停の申立て時に当該事項について家事審判の申立てがあったものとみなされ、当然に審判に移行します（家事272④）。

　養育費等の増減額請求についての調停の申立ては、家庭裁判所に対して申立書を提出して行います（家事255①）。申立書には、①当事者及び法定代理人、②申立ての趣旨及び理由、③事件の実情が記載されていなければなりません（家事255②一・二、家事規127・37①）。

　申立書等の書式は裁判所のウェブサイトのほか、東京家庭裁判所など数か所の家庭裁判所のウェブサイトにも掲載されています。申立書はその写しが相手方に送付されることから（家事256①）、申立書等に裁判所の定型書式を利用することで、争点が当事者にとって分かりやすくなり、申立人と相手方が共通認識を持って調停期日に臨むことができ、また主張がシンプルに整理されるなどのメリットがあります。

　定型書式による申立書だけでは足りない場合には、主張書面や陳述書で補充することもできます。また、東京家庭裁判所では、申立書と一緒に提出する事情説明書で、周辺事情等も含めて家庭裁判所があらかじめ承知しておいた方がよい事柄についても補充的に記載することができます。事情説明書は相手方にそのまま送付されるものではありませんが、相手方等から閲覧謄写申請がなされたときに許可される可能性があります（家事47①、254①）。相手方に知られたくない書類や資料には、「非開示の希望に関する申出書」（東京家庭裁判所書式）を添付し、秘匿希望書面であることを明確にしておきます。

　管轄は、調停の場合、相手方の住所地又は当事者が合意で定める家庭裁判所となります（家事245①）。審判の場合は、養育費は子の住所地（家事150四）、扶養料は相手方の住所地（家事182①③）、婚姻費用は夫又は妻の住所地（家事150三）となります。いずれの審判も家事事件手続法別表第2に掲げる事項についての審判事件に該当し、調停ができる事項であることから、当事者の合意で定める家庭裁判所にも管轄が認められます（家事66①）。

第 7 章　事情変更と養育費等の変更　　175

◆養育費増減額の時期
　いつから養育費額の支払を変更・取消しするかについては、当事者間の協議によって決めることができます。しかし、養育費等増減額の時期について調停を含めて当事者間で協議が調わない場合には、最終的には、審判によることになります。そのような場合には養育費額の変更や取消しの効力が、いつまで遡って生じるのかが問題となります。
　養育費の増減額が事情変更時まで遡るとなると、事情変更の時点から長期間が経過した場合、事情変更時の状況が把握しづらくなる、精算すべき養育費の額が高額化するなどの問題が生じることが想定されます。そのため実務上は、一般的に、事情変更の時まで遡るのではなく、養育費の増減額を請求した時まで遡るにすぎないとされ、調停や審判の申立てをした月を養育費の増減額の時期とする取扱いが多いようです。
　ただし、中には、養育費増減額の意思が客観的に明確になった時や相手方が事情変更を知った時まで遡るとした事例もあります（婚姻費用分担支払の始期について、東京家審平27・8・13判時2315・96）。

【参考書式15】　子の監護に関する処分（養育費減額請求）調停申立書
【参考書式16】　事情説明書（養育費）〔養育費減額請求〕
【参考書式17】　子の監護に関する処分（養育費増額請求）調停申立書
【参考書式18】　事情説明書（養育費）〔養育費増額請求〕

（3）　調停の成立・不成立による審判の検討

◆調停の成立と不成立
　当事者間で合意が成立した場合、合意内容を調書に記載したときに調停が成立します。調停調書は確定判決と同一の効力を有します（家事268①）。
　一方、当事者間で合意が成立する見込みがないなどの場合、調停は不成立となり、終了します（家事272①）。養育費等の増減額についての調停（子の監護に関する処分の調停）は、家事事件手続法別表第2に掲げる事項についての調停事件に該当するため、調停終了時に、家事調停の申立ての時に当該事項についての家事審判の申立てがあったものとみなされ、当然に審判手続に移行します（家事272④）。

◆審　判
　家庭裁判所は、家事審判事件が裁判をするのに熟したときは、審判をすると定められています（家事73①）。

養育費等の増減額についての審判は、即時抗告ができますので（家事156三・四）、即時抗告の期間満了により確定します（家事74④）。

即時抗告は、審判の告知を受けた日から2週間の不変期間内にしなければなりません（家事86）。また、抗告裁判所は、即時抗告に対して決定で裁判することとし（家事91①）、抗告裁判所は、即時抗告を理由があると認める場合には、家事審判事件について自ら審判に代わる裁判をしなければならないとされています（家事91②）。

抗告裁判所による決定に対しては、最高裁判所に特別抗告をすることができます（家事94①）。

◆調停に代わる審判

家庭裁判所は、調停が成立しない場合において相当と認めるときは、当事者双方のために衡平を考慮し、一切の事情を考慮して、職権で、事件の解決のため必要な審判（調停に代わる審判）をすることができます（家事284①）。

調停に代わる審判に対して、当事者は異議申立てをすることができます（家事286①）。異議申立ては2週間の不変期間内に行わなければなりません（家事286②・279②）。適法な異議申立てがあったときは、調停に代わる審判はその効力を失い（家事286⑤）、養育費の増減額についての調停（家事事件手続法別表第2に掲げる事項についての調停）については、家事調停の申立て時に家事審判の申立てがあったものとみなされ、審判手続に移行します（家事286⑦）。

なお、当事者が、調停に代わる審判に服する旨の共同申出をした場合には、異議の申立てはできません（家事284⑧）。

第7章　事情変更と養育費等の変更

【参考書式15】　子の監護に関する処分（養育費減額請求）調停申立書

この申立書の写しは、法律の定めにより、申立ての内容を知らせるため、相手方に送付されます。
この申立書とともに相手方送付用のコピーを提出してください。

受付印		家事	☑ 調停 ☐ 審判	申立書 事件名	子の監護に関する処分 ☐ 養育費請求 ☐ 養育費増額請求 ☑ 養育費減額請求

（この欄に未成年者1人につき収入印紙1,200円分を貼ってください。）

（貼った印紙に押印しないでください。）

収入印紙　　　円
予納郵便切手　　　円

東京 家庭裁判所 御中 平成 ○年 ○月 ○日	申　立　人 （又は法定代理人など） の記名押印	東京都○○区○○町○丁目○番○号 ○○ビル 乙野法律事務所 電話　○○（○○○○）○○○○ 申立人手続代理人弁護士　乙野三郎　㊞

添付書類	（審理のために必要な場合は、追加書類の提出をお願いすることがあります。） ☑ 未成年者の戸籍謄本（全部事項証明書） ☑ 申立人の収入に関する資料（源泉徴収票、給与明細、確定申告書、非課税証明書の写し等） ☑ **手続代理委任状**	準口頭

申立人

住　所	〒○○○-○○○○　東京都○○区○○町○丁目○番○号　（　　　　方）
フリガナ 氏　名	コウノ　タロウ 甲野　太郎

昭和／平成　○年○月○日生（○○歳）

相手方

住　所	〒○○○-○○○○　東京都○○区○○町○丁目○番○号　（　　　　方）
フリガナ 氏　名	コウノ　ハナコ 甲野　花子

昭和／平成　○年○月○日生（○○歳）

未成年者

住　所	☐ 申立人と同居　／　☑ 相手方と同居　　☐ その他（　　）	平成 ○年○月○日生
フリガナ 氏　名	コウノ　ジロウ 甲野　次郎	（○○歳）

住　所	☐ 申立人と同居　／　☐ 相手方と同居　　☐ その他（　　）	平成　年　月　日生
フリガナ 氏　名		（　　歳）

住　所	☐ 申立人と同居　／　☐ 相手方と同居　　☐ その他（　　）	平成　年　月　日生
フリガナ 氏　名		（　　歳）

住　所	☐ 申立人と同居　／　☐ 相手方と同居　　☐ その他（　　）	平成　年　月　日生
フリガナ 氏　名		（　　歳）

（注）太枠の中だけ記入してください。□の部分は、該当するものにチェックしてください。

養育費（1/2）

（出典：東京家庭裁判所ウェブサイト）

第7章　事情変更と養育費等の変更

***この申立書の写しは，法律の定めにより，申立ての内容を知らせるため，相手方に送付されます。
この申立書とともに相手方送付用のコピーを提出してください。***

※　申立ての趣旨は，当てはまる番号を○で囲んでください。□の部分は，該当するものにチェックしてください。

申　　立　　て　　の　　趣　　旨
（□相手方　／　☑申立人）は，（□申立人　／　☑相手方）に対し，未成年者の養育費として，次のとおり支払うとの（☑調停　／　□審判）を求めます。 ※　1　1人当たり毎月　（□　金_____円　／　□　相当額）を支払う。 　　2　1人当たり毎月金_____円に増額して支払う。 　③　1人当たり毎月金　　2万　　円に減額して支払う。

申　　立　　て　　の　　理　　由
同　居　・　別　居　の　時　期
同居を始めた日…　昭和／㊥成　○年○月○日　別居をした日…　昭和／㊥成　○年○月○日
養　育　費　の　取　決　め　に　つ　い　て
1　当事者間の養育費に関する取り決めの有無 　　☑あり（取り決めた年月日：平成○年○月○日）　□なし 2　1で「あり」の場合 　(1)　取決めの種類 　　□口頭　□念書　☑公正証書　→　_____家庭裁判所　（□支部／□出張所） 　　□調停　□審判　□和解　□判決　　　　　平成____年(家____)第____号 　(2)　取決めの内容 　　　（□相手方／☑申立人）は，（□申立人／☑相手方）に対し，平成○年○月から○年○月まで，未成年者1人当たり毎月　5万　円を支払う。
養　育　費　の　支　払　状　況
☑　現在，1人当たり1か月　5万　円が支払われている（支払っている）。 □　平成____年____月まで1人当たり1か月____円が支払われて（支払って）いたがその後（□____円に減額された（減額した）。／□　支払がない。） □　支払はあるが一定しない。 □　これまで支払はない。
養育費の増額または減額を必要とする事情（増額・減額の場合のみ記載してください。）
☑　申立人の収入が減少した。　　☑　相手方の収入が増加した。 □　申立人が仕事を失った。 ☑　再婚や新たに子ができたことにより申立人の扶養家族に変動があった。 □　申立人自身・未成年者にかかる費用（□学費　□医療費　□その他）が増加した。 □　未成年者が相手方の再婚相手等と養子縁組した。 □　その他（_____）

（出典：東京家庭裁判所ウェブサイト）

第7章　事情変更と養育費等の変更

【参考書式16】　事情説明書（養育費）〔養育費減額請求〕

平成　　年（家　　）第　　　　　号（期日通知等に書かれた事件番号を書いてください。）

事情説明書（養育費）

> この書類は，申立ての内容に関する事項を記載していただくものです。あてはまる事項にチェックを付け（複数可），必要事項を記入の上，申立書とともに提出してください。
> なお，調停手続では，この書類は相手方には送付しませんが，相手方から申請があれば，閲覧やコピーが許可されることがあります。審判手続では，相手方に送付しますので，相手方用のコピーも併せて提出してください。

1	今回あなたがこの申立てをした「きっかけ」，「動機」を記入してください。	離婚時に公正証書にて長男の養育費を定めましたがその後申立人が転職をして収入が減り、また再婚して、新たに子ができたために、養育費の減額を求め、調停の申し立てをしました。なお、相手方は正社員となり収入が増加したときいています。							
2	調停・審判で対立すると思われることはどんなことですか。（該当するものに，チェックしてください。複数可。）	☑ 申立人の収入の額　　　☑ 相手方の収入の額 ※「養育費請求調停（審判）を申し立てる方へ」を参照し，収入に関する書類等を提出してください。 □ 申立人にかかる費用の額 { □ 医療費　□ その他（　　　　　　　　） □ 未成年者にかかる費用の額 { □ 大学，私立小中高校の学費　□ 医療費　□ その他（　　　　　　　　） □ 養育費の取決めの有無や内容 □ その他（　　　　　　　　　　　　　　　　　　　　　　　　　）							
3	それぞれの同居している家族について記入してください（申立人・相手方本人を含む。）。 ※申立人と相手方が同居中の場合は申立人欄に記入してください。	申立人（あなた）				相　手　方			
		氏　名	年齢	続柄	職業等	氏　名	年齢	続柄	職業等
		甲野太郎	○	本人	会社員	甲野花子	○	本人	会社員
		甲野春子	○	妻	無職	甲野次郎	○	長男	高校生
		甲野三郎	○	長男					
4	収入状況について記入してください。	月収（手取り）約　　○○　　万円 賞与（年　回）計約　　　　　万円 □実家等の援助を受けている。月　　　万円 □生活保護等を受けている。　月　　　万円				月収（手取り）約　　○○　　万円 賞与（年　回）計約　　　　　万円 □実家等の援助を受けている。月　　　万円 □生活保護等を受けている。　月　　　万円			
5	住居の状況について記入してください。	□ 自宅（ローン月額　　　　　円） 　→ □申立人□相手方が，ローンを支払っている。 □ 当事者以外の家族所有 ☑ 賃貸（賃料月額　○万　円） 　→ ☑申立人□相手方が，賃料を支払っている。 □ その他（　　　　　　　　　　）				□ 自宅（ローン月額　　　　　円） 　→ □申立人□相手方が，ローンを支払っている。 □ 当事者以外の家族所有 ☑ 賃貸（賃料月額　○万　円） 　→ □申立人☑相手方が，賃料を支払っている。 □ その他（　　　　　　　　　　）			

平成　○年　○月　○日　申立人　　手続代理人弁護士　乙野三郎　㊞

（出典：東京家庭裁判所ウェブサイト）

第7章　事情変更と養育費等の変更

【参考書式17】　子の監護に関する処分（養育費増額請求）調停申立書

この申立書の写しは、法律の定めにより、申立ての内容を知らせるため、相手方に送付されます。
この申立書とともに相手方送付用のコピーを提出してください。

受付印		
収入印紙　　　　円 予納郵便切手　　円	家事　☑調停　申立書　事件名 　　　□審判	子の監護に関する処分 □養育費請求 ☑養育費増額請求 □養育費減額請求
	（この欄に未成年者1人につき収入印紙1,200円分を貼ってください。） （貼った印紙に押印しないでください。）	

東京　家庭裁判所　御中
平成　○年　○月　○日

申立人（又は法定代理人など）の記名押印：
東京都○○区○○町○丁目○番○号
　○○ビル
　甲野法律事務所
　電話　○○（○○○○）○○○○
　申立人手続代理人弁護士　甲野太郎　㊞

添付書類：（審理のために必要な場合は、追加書類の提出をお願いすることがあります。）
☑未成年者の戸籍謄本（全部事項証明書）
☑申立人の収入に関する資料（源泉徴収票、給与明細、確定申告書、非課税証明書の写し等）
☑手続代理委任状

準口頭

申立人
- 住所：〒○○○-○○○○　東京都○○区○○町○丁目○番○号　（　　　方）
- フリガナ：オツノ　イチコ
- 氏名：乙野　一子
- ㊲昭和／平成　○年　○月　○日生（○○歳）

相手方
- 住所：〒○○○-○○○○　東京都○○区○○町○丁目○番○号　（　　　方）
- フリガナ：ヘイノ　サブロウ
- 氏名：丙野　三郎
- ㊲昭和／平成　○年　○月　○日生（○○歳）

未成年者
- 住所：☑申立人と同居　／　□相手方と同居　□その他（　　　）
- フリガナ：オツノ　フミコ
- 氏名：乙野　二三子
- 平成　○年　○月　○日生（○歳）

- 住所：□申立人と同居　／　□相手方と同居　□その他（　　　）
- フリガナ：
- 氏名：
- 平成　年　月　日生（　歳）

- 住所：□申立人と同居　／　□相手方と同居　□その他（　　　）
- フリガナ：
- 氏名：
- 平成　年　月　日生（　歳）

- 住所：□申立人と同居　／　□相手方と同居　□その他（　　　）
- フリガナ：
- 氏名：
- 平成　年　月　日生（　歳）

（注）太枠の中だけ記入してください。□の部分は、該当するものにチェックしてください。

養育費(1/2)

（出典：東京家庭裁判所ウェブサイト）

第7章　事情変更と養育費等の変更　　　　　　　　　　　　　　　181

この申立書の写しは，法律の定めにより，申立ての内容を知らせるため，相手方に送付されます。
この申立書とともに相手方送付用のコピーを提出してください。

※　申立ての趣旨は，当てはまる番号を○で囲んでください。　□の部分は，該当するものにチェックしてください。

申　立　て　の　趣　旨
（ ☑相手方 ／ □申立人 ）は，（ ☑申立人 ／ □相手方 ）に対し，未成年者の養育費として，次のとおり支払うとの（ ☑調停 ／ □審判 ）を求めます。 ※　　1　1人当たり毎月　（□　金＿＿＿＿＿＿円 ／ □　相当額 ）を支払う。 　　　②　1人当たり毎月金　　5万　　円に増額して支払う。 　　　3　1人当たり毎月金＿＿＿＿＿＿円に減額して支払う。

申　立　て　の　理　由
同　居　・　別　居　の　時　期
同居を始めた日… 昭和/㊰平成　○年○月○日　　別居をした日… 昭和/㊰平成　○年○月○日
養　育　費　の　取　決　め　に　つ　い　て
1　当事者間の養育費に関する取り決めの有無 　　☑あり（取り決めた年月日：平成　○年○月○日）　　□なし 2　1で「あり」の場合 　（1）取決めの種類 　　　☑口頭　　□念書　　□公正証書 　　　□調停　　□審判　　□和解　　□判決　→　＿＿＿家庭裁判所＿＿＿（□支部／□出張所） 　　　　　　　　　　　　　　　　　　　　　　　平成＿＿＿年（家＿＿）第＿＿＿号 　（2）取決めの内容 　　　（☑相手方／□申立人）は，（☑申立人／□相手方）に対し，平成　○年○月から 　　　○年○月　まで，未成年者1人当たり毎月　2万　円を支払う。
養　育　費　の　支　払　状　況
☑　現在，1人当たり1か月　2万　円が支払われている（支払っている）。 □　平成＿年＿月まで1人当たり1か月＿＿＿円が支払われて（支払って）いたが 　　その後（□＿＿＿円に減額された（減額した）。／□　支払がない。） □　支払はあるが一定しない。 □　これまで支払はない。
養育費の増額または減額を必要とする事情（増額・減額の場合のみ記載してください。）
☑　申立人の収入が減少した。　　□　相手方の収入が増加した。 □　申立人が仕事を失った。 □　再婚や新たに子ができたことにより申立人の扶養家族に変動があった。 ☑　申立人自身・未成年者にかかる費用（☑学費　□医療費　□その他）が増加した。 □　未成年者が相手方の再婚相手等と養子縁組した。 □　その他（＿＿＿＿＿＿＿＿＿＿＿＿＿＿＿＿＿＿＿＿＿＿＿＿＿＿）

養育費(2/2)

（出典：東京家庭裁判所ウェブサイト）

【参考書式18】　事情説明書（養育費）〔養育費増額請求〕

平成　　年（家　　）第　　　　号（期日通知等に書かれた事件番号を書いてください。）

事情説明書（養育費）

> この書類は，申立ての内容に関する事項を記載していただくものです。あてはまる事項にチェックを付け（複数可），必要事項を記入の上，申立書とともに提出してください。
>
> なお，調停手続では，この書類は相手方には送付しませんが，相手方から申請があれば，閲覧やコピーが許可されることがあります。審判手続では，相手方に送付しますので，相手方用のコピーも併せて提出してください。

1　今回あなたがこの申立てをした「きっかけ」，「動機」を記入してください。	離婚時に口頭で養育費を2万円と定めましたが，このたび，長女が大学に進学するにあたって養育費の増額と延長を求めて調停を申し立てました。大学の入学金や授業料など特別な出費についての負担についても決めたいと思います。
2　調停・審判で対立すると思われることはどんなことですか。（該当するものに，チェックしてください。複数可。）	☑ 申立人の収入の額　　□ 相手方の収入の額 ※「養育費請求調停（審判）を申し立てる方へ」を参照し，収入に関する書類等を提出してください。 □ 申立人にかかる費用の額　{ □ 医療費 　　　　　　　　　　　　　　　□ その他（　　　　　　　　　） ☑ 未成年者にかかる費用の額　{ ☑ 大学，私立小中高校の学費　□ 医療費 　　　　　　　　　　　　　　　□ その他（　　　　　　　　　） □ 養育費の取決めの有無や内容 □ その他（　　　　　　　　　　　　　　　　　　　　）

3 それぞれの同居している家族について記入してください（申立人・相手方本人を含む。）。 ※申立人と相手方が同居中の場合は申立人欄に記入してください。	申立人（あなた）				相手方			
	氏名	年齢	続柄	職業等	氏名	年齢	続柄	職業等
	乙野一子	○	本人	パート	丙野三郎	○	本人	会社員
	乙野二三子	○	長女					

4　収入状況について記入してください。	月収（手取り）　約　　8　万円 賞与（年　回）計約　　　　万円 ☑実家等の援助を受けている。月　3　万円 □生活保護等を受けている。　月　　　万円	月収（手取り）　約　　　　万円 賞与（年　回）計約　　　　万円 □実家等の援助を受けている。月　　　万円 □生活保護等を受けている。　月　　　万円
5　住居の状況について記入してください。	□ 自宅（ローン月額　　　円） 　→ □申立人□相手方が，ローンを支払っている。 ☑ 当事者以外の家族所有 □ 賃貸（賃料月額　　　　円） 　→ □申立人□相手方が，賃料を支払っている。 □ その他（　　　　　　　　）	□ 自宅（ローン月額　　　円） 　→ □申立人□相手方が，ローンを支払っている。 □ 当事者以外の家族所有 ☑ 賃貸（賃料月額　　　　円） 　→ □申立人☑相手方が，賃料を支払っている。 □ その他（　　　　　　　　）

平成　○年　○月　○日　申立人　<u>手続代理人弁護士　甲野太郎</u>　印

（出典：東京家庭裁判所ウェブサイト）

第 8 章

養育費等・婚姻費用と税金

＜フローチャート～養育費等・婚姻費用と税金＞

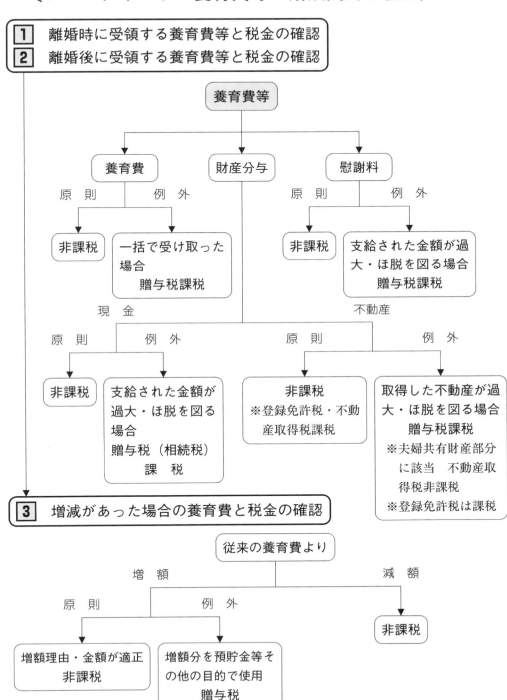

4 扶養料と税金の確認

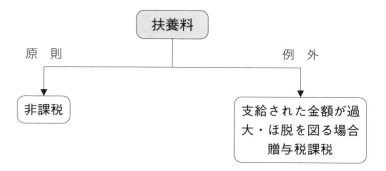

5 婚姻費用と税金の確認

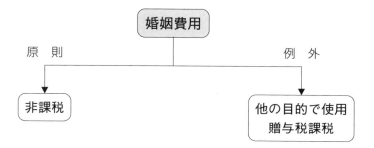

第8章 養育費等・婚姻費用と税金　　187

1　離婚時に受領する養育費等と税金の確認

> (1)　養育費等の分類
> 　離婚時に受領する養育費等としては、主に養育費・財産分与・慰謝料があります。
> (2)　分類した養育費等の課税関係の確認
> 　養育費・慰謝料は原則非課税となります。
> 　財産分与は、現金を受領した場合は原則非課税、不動産を受領した場合は登録免許税と不動産取得税を課税される可能性があります。

(1)　養育費等の分類

離婚時に受領する養育費等には、おおむね次のようなものが考えられます。

① 養育費
　養育費とは、未成熟子が社会人として自活するまでに必要な費用をいいます。
② 財産分与
　離婚による財産分与請求権に基づき、相手方に財産を与える形態をいいます。婚姻中の夫婦の実質的共有財産の清算的要素と離婚後における一方の当事者の生計の維持を図るという扶養的要素から来ているものと考えられます。
③ 慰謝料
　離婚慰謝料とは、個々の暴行、虐待、不貞行為などによる精神的苦痛や離婚そのものによって生じる精神的苦痛を償うための損害賠償金をいいます。

(2)　分類した養育費等の課税関係の確認

◆養育費
　所得税法上、学資に充てるために給付される金品及び扶養義務者相互間において扶養義務を履行するために給付される金品は非課税所得とされています（所税9①十五）。
　また、相続税法上、扶養義務者相互間において、生活費又は教育費に充てるためにした贈与により取得した財産のうち、通常必要と認められるものは、贈与税の課税価

格に算入しないことになっているため、贈与税もかからないことになります（相税21の3①二）。

したがって、養育費には原則税金はかからないことになります。

＜養育費を離婚時に一括で受け取った場合＞

養育費が課税されないのは、その生活費又は教育費が「必要な都度」、「通常必要と認められる金額」の場合に限り認められるもので、離婚時に何年か分を一括で受領した場合には、これらの要件を満たさないため、贈与税を課税される可能性があります。

ただし、個別通達により、次のような調停条項が作成された場合には、贈与税の課税はされないこととされています。

離婚に伴ない養育料が一括して支払われる場合の贈与税の課税の取扱いについて

（昭和57年6月30日：直審5-5）

(1) 調停条項

① 相手方は申立人に対し、当事者間の長男太郎（昭和48年4月30日生）の昭和56年5月分から満18歳に達する月までの間の養育料として、金400万円を支払うこととし、これを昭和56年6月15日に限り○○銀行○○支店の長男太郎名義の普通預金口座に振り込んで支払う。

② 申立人は上記①記載の金員を受領したときは、受領の日から15日以内に、長男太郎を委託者兼受益者とし、相手方を契約解除同意者とする均等割給付金の受給を前提とした金銭信託契約を○○信託銀行との間において締結してこれを運用する。

③ 相手方は申立人に対し、当事者間の長男太郎（昭和48年4月30日生）の昭和56年5月から満18歳に達する月までの間の養育料として金400万円を支払うこととし、これを昭和56年6月15日限り、相手方を委託者、長男太郎を受益者とし、申立人を契約解除同意者とする均等割給付金の受給を前提とした金銭信託契約を○○信託銀行との間において締結してこれを申立人において運用させる。

(2) 回答

標題のことについては、照会に係る調停条項の「①及び②」又は「③」の方法によって支払われる養育料の金額が、その支払を受ける子の年齢その他一切の事情を考慮して相当な範囲内のものである限り、贈与税は課税されない。

ただし、毎年支払を受ける信託の分配金のうち収益から成る部分については、所得税の課税対象となる。

子の養育料については、通常長期間にわたり、離婚後の経済状況の変化により支払が難しくなったりするケースも考えられ、まとめて支払を受けておく必要が生じてきます。

この取扱いは、一括払いがこのような場合に必要かつ合理的であるとの考えに基づいているものと思われます。

◆財産分与

(ア) 離婚時に現金を受領した場合

贈与により財産を取得した者は、原則として、その取得した財産の全部に対し贈与税を課されることとなっていますが（相税1の4・2の2）、財産分与請求権に基づき現金の支払を受けた者についての贈与税の取扱いは下記のようになっています（相基通9-8）。

＜原　則＞

婚姻の取消し又は離婚による財産の分与によって取得した財産については、贈与により取得した財産とはならず、贈与税は課されません。

これは、財産分与請求権が、夫婦が婚姻中に有していた実質上の財産を清算分配するという清算的要素と離婚後における一方の当事者の生計の維持を図るという扶養的要素からきているものと考えられます。

＜例　外＞

財産分与に係る財産の額が次のような場合には、贈与によって取得した財産とみなされ、贈与税が課されることになります。

① その分与に係る財産の額が婚姻中の夫婦の協力によって得た財産の額、その他一切の事情を考慮してもなお過大であると認められる場合には、その過大である部分については贈与税が課されることになります。

　過大であるかどうかは、婚姻中に夫婦が協力して蓄積した財産として妥当性があるかどうか等によって判断されます。

② 離婚を手段として贈与税若しくは相続税のほ脱を図ると認められる場合には、その離婚により取得した財産の価額は贈与により取得した財産となり、贈与税が課されることになります。

　別々に住んでいるように仮装はしていても、実態は離婚後も離婚前と同様の夫婦生活を送っている場合などがこのケースに該当します。

なお、財産分与額が巨額であった場合でも、①その分与額が夫の資産の半分以下であること、②婚姻中の生活状況、③離婚に至る経緯、④離婚後の子の養育費等を考慮

した場合に、過当なものとはならないとされたケースもあります（最判平10・4・14税資231・612）。

（イ）　離婚時に不動産を受領した場合

財産分与請求権に基づき、土地建物の財産分与を受けた場合には、分与を受けた日に、その時の時価で土地建物を取得したことになります（所基通38-6）。

したがって、分与を受けた資産を、将来売却する場合に、譲渡代金から控除される取得費は分与時の時価になります。

財産分与は、贈与とは異なるので、贈与者の取得価額の引継ぎに関する所得税法60条の適用はされません。

また、その不動産の所有権の保存・移転登記などをする場合には、登録免許税がかかります。

そのほか、不動産を取得したことによる不動産取得税もかかりますが、これは、その財産分与が「慰謝料の部分」又は扶養料等の部分に該当する場合であり、その財産分与が「夫婦共有財産の部分」に該当する場合には、不動産取得税はかかりません（地税73の7二の三）。

なお、取得した不動産が過大・ほ脱を図る場合については（ア）の＜例外＞を参照してください。

◆慰謝料

離婚時に受領する慰謝料は、不貞や暴力をした者に対する損害賠償になります。

その損害賠償金は贈与税の対象ではなく所得税の対象になります。

しかし、所得税法上、損害賠償金は非課税となり、相手からもらっても原則として所得税はかからないことになっています（所税9①十七）。

したがって、金銭で慰謝料をもらった場合には、支払った方も、もらった方も課税関係は生じません。

ただし、下記のような場合には、離婚による財産分与と同様に、贈与税が課税されることになります。

＜贈与税が課税される場合＞

① その分与に係る財産の額が婚姻中の夫婦の協力によって得た財産の額、その他一切の事情を考慮してもなお過当であると認められる場合には、その過当である部分については贈与税が課されることになります（相基通9-8）。

　実務上、過当であるかどうかの判断は難しい面はありますが、婚姻期間中に夫婦の協力によって形成された財産であるかどうかなどにより判断されます。

② 離婚を手段として贈与税若しくは相続税のほ脱を図ると認められる場合には、その離婚により取得した財産の価額は贈与により取得した財産となり、贈与税が課さ

第8章　養育費等・婚姻費用と税金

れることになります（相基通9-8）。

　離婚の形式はとっていても、その実態は離婚前と同様の夫婦生活を送っている場合などがこのケースに該当します。

2　離婚後に受領する養育費等と税金の確認

> (1) 離婚後に受領する養育費の課税関係の確認
> 　離婚後に受領する養育費について、原則非課税となります。
> (2) 離婚後の財産分与及び慰謝料の課税関係の確認
> 　離婚後の財産分与は、現金を受領した場合は原則非課税、不動産を受領した場合は登録免許税と不動産取得税を課税される可能性があります。
> 　離婚後の慰謝料について、原則非課税となります。

(1) 離婚後に受領する養育費の課税関係の確認 ■■■■■■■■■■

◆養育費を月々分割で受領する場合

　扶養義務者相互間において、扶養義務を履行するために給付される金品は所得税法上、非課税とされています（所税9①十五）。

　また、通常必要と認められる生活費又は教育費も相続税法上、贈与税の課税価格に算入しないことになっています（相税21の3①二）。

　したがって、適正な金額であれば、月々分割で受領する養育費は課税されないことになっています。

　しかしながら、実態が扶養義務履行のためなのか、単なる贈与なのか、判断が難しい面もあるため、扶養義務者等について、詳細に定められています。

① 扶養義務者等の意義

　㋐　扶養義務者とは、配偶者及び民法877条に規定する親族のほか、3親等内の親族で生計を一にする者については、家庭裁判所の審判がない場合であってもこれに該当するものとして取り扱われます（相基通1の2-1）。

　㋑　生活費とは、その者の通常の日常生活を営むのに必要な費用（教育費を除きま

す。）をいい、治療費・養育費その他これに準ずるものを含みます（相基通21の3-3）。
　㋒　教育費とは、被扶養者の教育上必要と認められる学資・教材費・文具費等をいい、義務教育費に限りません（相基通21の3-4）。
②　生活費及び教育費の取扱い
　生活費又は教育費に充てるものとして、贈与税の課税価格に算入しない財産は、生活費又は教育費として必要な都度、直接これらの用に充てるために給付されるものに限られます。したがって、生活費又は教育費の名義で取得した財産を預貯金とした場合や、株式・家屋等の買入代金に充当した場合における預貯金又は買入代金等は、通常必要と認められるものには該当しないことになります（相基通21の3-5）。
③　生活費等で通常必要と認められるもの
　被扶養者の需要と扶養者の資力その他一切の事情とを勘案して社会通念上適当と認められる範囲の財産をいいます（相基通21の3-6）。
④　生活費に充てるため財産に名義変更があった場合
　財産の果実だけを生活費又は教育費に充てるために財産の名義変更があったような場合には、その名義変更の時にその利益を受ける者が、当該財産を贈与によって取得した者とされます（相基通21の3-7）。

◆扶養料及び養育費を負担している場合の扶養控除の取扱い
　離婚後、元妻が引き取った子（16歳）の養育費を元夫が負担しているときに、その子を元夫の扶養控除の対象とできるかどうかの照会に対し、次のような回答がされています（国税庁ウェブサイト　質疑応答事例「生計を一にするかどうかの判定（養育費の負担）」参照）。

【回答要旨】
　離婚に伴う養育費の支払が、①扶養義務の履行として、②「成人に達するまで」などの一定の年齢に限って行われるものである場合には、その支払われている期間については、原則として「生計を一にしている」ものとして扶養控除の対象として差し支えありません。
　「生計を一にする」とは、必ずしも同一の家屋に起居していることをいうものではなく、勤務、修学、療養等の都合上他の親族と日常の起居を共にしていない親族がいる場合であっても、これらの親族間において、常に生活費、学資金、療養費等の送金が行われている場合には、これらの親族は生計を一にするものとして取り扱っているところです。
　したがって、元夫と子が「生計を一にしている」とみることができるかどうかは、離

婚に伴う養育費の支払が「常に生活費等の送金が行われている場合」に当たるか否かによることとなりますが、次のような場合には、扶養控除の対象として差し支えないものと考えられます。
① 扶養義務の履行として支払われる場合
② 子が成人に達するまでなど一定の年齢等に限って支払われる場合

なお、離婚に伴う養育費の支払が①及び②のような状況にある場合において、それが一時金として支払われる場合であっても、子を受益者とする信託契約（契約の解除については元夫及び元妻の両方の同意を必要とするものに限ります。）により養育費に相当する給付金が継続的に給付されているときには、その給付されている各年について「常に生活費等の送金が行われている場合」に当たると解して扶養控除の対象として差し支えないものと考えられます。

ただし、信託収益は子の所得となり、信託収益を含めて子の所得金額の判定、及び現に同居する一方の親の扶養控除の対象にしていないかの判定（確認）を、毎年12月31日の現況で行う必要があります。

（注）
1 慰謝料又は財産分与の総額が養育費の支払を含むものとして決められており、その支払が継続的に行われている場合であっても、結果的に上記①及び②の要件を満たす養育費の額が明らかに区分できない場合には、このように解することは困難です。
2 子が元夫の控除対象扶養親族に該当するとともに元妻の控除対象扶養親族にも該当することになる場合には、扶養控除は元夫又は元妻のうちいずれか一方についてだけしか認められません。

◆養育費を一括で受領する場合

養育費は、子が自立するまでの期間の費用であるため、分割払いが一般的ですが、将来の不安から一括払いを希望するケースも見受けられます。将来分の養育費を一括で受領した場合には、贈与税が課税される可能性があります（[1](2)参照）。

(2) 離婚後の財産分与及び慰謝料の課税関係の確認

財産分与請求権に基づき離婚後に支払われた現金、不貞や暴力をした者に対する損害賠償としての慰謝料は、原則として課税されません（[1](2)参照）。ただし、その金額等が過大等である場合、贈与税や相続税のほ脱を図ると認められる場合には課税の

対象となってきます。

◆離婚後の金銭以外の資産による財産分与等
　金銭以外の不動産やゴルフ会員権による財産分与等があった場合には、その資産等を取得した者と、その資産を分与した者の課税の取扱いは、それぞれ次のようになります。
① 資産等を取得した者の取扱い
　　財産分与請求権に基づき土地建物の不動産の財産分与を受けた場合には、分与を受けた日に、その時の時価で土地建物を取得したことになります（所基通38-6）。
　　また、その不動産（土地建物）の所有権の保存・移転登記などをする場合には登録免許税がかかることになります。
　　そのほか、その不動産を取得したことによる不動産取得税もかかりますが、これは、その財産分与が「慰謝料の部分」に該当する場合であり、その財産分与が「夫婦の共有財産の部分」に該当する場合には、不動産取得税は課税されないことになっています（地税73の7二の三）。
② 資産等を財産分与した者の取扱い
　㋐　所得税の取扱い
　　ⓐ　原則
　　　　財産分与として資産の移転があった場合には、その分与した者はその分与した時において、その時の価額（時価）によりその資産を譲渡したこととなります（所基通33-1の4）。
　　ⓑ　みなし譲渡の適用除外
　　　　財産分与による資産の移転は、財産分与義務の消滅という経済的利益を対価とする譲渡であり、贈与ではないため、みなし譲渡課税（所税59①）の規定は適用されません。
　㋑　譲渡所得課税が発生する場合
　　　財産を分与した者は、その分与した財産の価額（時価）が分与時において、取得価額以下である場合には、譲渡所得課税はありませんが、取得価額を上回る場合には、譲渡所得課税が発生することになります。

　　　　　　　　　　　　　ケーススタディ

Q　離婚による財産分与で、夫名義の自宅を下記のような条件で分与した場合、分

与した者に税金はかかるか。
- 不動産の取得価額（土地5,000万円、建物2,000万円）
    ※建物については、減価償却後の金額
- 財産分与時の時価9,000万円

A 　財産分与時の時価が9,000万円で取得価額の7,000万円を上回り、2,000万円の譲渡所得が発生することになりますが、その不動産が一定の要件を満たす場合には、3,000万円の特別控除（租特35）の特例を適用することができ、税金は発生しないことになります。

　ただし、その譲渡先が特殊関係者（※）に対するものである場合には、適用できません。

　この場合、財産分与を受けた元配偶者が、特殊関係者に該当し譲渡制限を受けるのではないかという問題が考えられますが、次の①②の理由から、特殊関係者には該当しないことになります。

① 　特殊関係者に対する譲渡の判定時期

　　判定時期は原則、譲渡した時に判定することになっていますが、「『当該個人と当該家屋に居住するもの』に対する譲渡に該当するかどうかは、当該譲渡がされた後の状況により判定する」（措通35-5・31の3-20）ということになっており、財産分与時には離婚が成立していることとなり、特殊関係者には該当しないことになります。

② 　個人から受ける金銭その他の財産によって生計を維持しているものの意義

　　「『当該個人から受ける金銭その他の財産によって生計を維持しているもの』とは、…離婚に伴う財産分与、損害賠償その他これらに類するものとして受ける金銭その他の財産によって生計を維持している者は含まれない」（措通35-5・31の3-23）と規定されており、離婚後に扶養料等が支払われていても該当しないことになります。

※ 　特殊関係者
　① 　その個人の配偶者及び直系血族
　② 　その個人の親族（①に該当する者を除きます。以下同じ。）でその個人と生計を一にしている者及びその個人の親族でその家屋の譲渡がされた後、その個人とその家屋に居住する者

3　増減があった場合の養育費と税金の確認

> (1)　養育費の増額があった場合の対応
>   　従来の養育費が増額される場合、原則非課税となりますが、増加分を預貯金等としたり、その他の目的に使用した場合は贈与税が課税されます。
> (2)　養育費の減額があった場合の対応
>   　従来の養育費が減額される場合、課税関係は生じません。

(1)　養育費の増額があった場合の対応

(ア)　養育費の増額があった場合の課税関係

養育費は、離婚時に当事者間の協議、調停、審判等で決められますが、下記のようにその後の事情に変更があった場合には、増額が認められることがあります。

① 　子の入学、進学に伴う費用の増加
② 　子の病気等による治療費の発生
③ 　養育している親の失業や病気等による減収

養育費については、原則所得税法及び相続税法上は課税されないことになっています（ 1 2 参照）。

ただし、扶養義務履行のためなのか、単なる贈与なのか、判断の難しい面もあるため、生活費、教育費の取扱いについては詳細に定められています。

(イ)　生活費及び教育費の取扱い

生活費又は教育費に充てるものとして贈与税の課税価格に算入しない財産は、生活費又は教育費として<u>必要な都度直接これらの用に充てるために</u>給付されるものに限られます（相基通21の3-5）。

これらの点から考えると、上記①～③の理由により養育費等の増額があった場合には、その増額理由及びその額が適正金額であれば、課税関係は生じないものと思われます。

ただし、増額した養育費の金額を預貯金等としたり、その他の目的に使用した場合には、課税の対象になります。

また、離婚時に、子が成人に達するまでの養育費を一括で受領していた場合で、その後の事情の変化により、追加で養育費が増額された場合には、その増額原因によっては、課税問題が発生するケースが出てくる可能性もあります。

(2) 養育費の減額があった場合の対応

　一度決められた養育費が、下記のような事情の変更があった場合には、減額が認められることがあります。
① 扶養義務者の失業などによる減収
② 扶養義務者が再婚し、新たに子が生まれた場合
③ 養育している親の収入増加により経済的に安定した場合
　上記の①～③の事由により、養育費が減額された場合には特に課税関係は生じません。
　ただし、扶養義務者が養育費を負担し、その子を扶養親族に含めていた場合には、養育費の減額により、その子が扶養親族から除かれることも考えられますので注意が必要です。

4　扶養料と税金の確認

> (1)　扶養料の意義について確認
> 　扶養料とは、扶養義務者が扶養権利者に対し支払う義務があるとされる生活費等をいい、未成熟子自身が扶養義務者に請求するものである点が、養育費（未成熟子の監護親から請求）と異なる点です。
> (2)　扶養料の税務上の取扱いについて確認
> 　扶養料は原則非課税となります。

(1) 扶養料の意義について確認

　扶養料とは、扶養義務者（※1）が扶養権利者（※2）に対し支払う義務があるとされる生活費等をいいます。
　※1　扶養義務者
　　直系血族及び兄弟姉妹は、互いに扶養する義務があります（民877①）。

※2　扶養権利者

　子である場合は、未成熟子でなければ扶養状態にあるとはいえません。

　扶養料は、未成熟子自身が自己の扶養料を扶養義務者に対して、請求するものであり、請求主体は未成熟子自身ですが、養育費については、未成熟子の監護を行っている親がその求償権を持っています。

(2)　扶養料の税務上の取扱いについて確認

　扶養料の税務上の取扱いについては、養育費と同じように下記の取扱いが定められています。

(ア)　贈与税が非課税の場合

　扶養義務者相互間において、扶養義務の履行としての生活費又は教育費に充てるためにした贈与により取得した財産のうち、通常必要と認められる財産の価額は、贈与税の課税価格には算入されず非課税とされています（相税21の3①二）（1　2参照）。

＜2以上の納税者が同一人を扶養親族とした場合＞

　父親又は母親が同時に子を扶養親族として申告した場合には、所得税法上次のように取り扱われます。

---

①　その年において既に1人の納税者が確定申告書等の記載により、その扶養親族としている場合
　　→その納税者の扶養親族とする。

②　上記①の規定によっても、いずれの納税者の扶養親族とするかが定められていない扶養親族の場合
　　→納税者のうち総所得金額、退職所得金額及び山林所得金額の合計額の見積額が大きい納税者の扶養親族とする（所令219②）。

(イ)　贈与税が課税される場合

　扶養義務の履行としての生活費等が、通常必要と認められる財産の価額を上回り過大である場合や、扶養料の名目で財産の移転を行い、贈与税、相続税のほ脱を図ると認められる場合には、贈与税が課されることになります。

(ウ)　増減があった場合

　扶養料に増減があった場合の対応は、養育費の場合と同様（3参照）となります。

5 婚姻費用と税金の確認

(1) 婚姻費用の意義と税務上の取扱いについて確認
　婚姻費用とは、夫婦と未成熟子によって構成される婚姻家族が、通常の社会生活を維持するために必要な費用をいい、原則非課税となりますが、取得した財産を預貯金等他の目的で使用する場合は贈与税が課税されます。

(2) 婚姻費用が課税される具体的なケースの確認
　婚姻費用が課税される具体的なケースとして、名義預金等の取扱いに関するものが考えられます。

(1) 婚姻費用の意義と税務上の取扱いについて確認 ■■■■■■■■■

(ア) 婚姻費用の意義

　婚姻費用（婚姻から生ずる費用）とは、夫婦と未成熟子によって構成される婚姻家族が、その資産、収入、社会的地位等に応じた通常の社会生活を維持するために必要な費用をいうとされています。具体的には通常の衣食住の費用、子の養育費、医療費、教育費、娯楽費、交際費等がこれに当たります。

(イ) 税務上の取扱い

　(a) 原　則

　　所得税法上、学資に充てるために給付される金品及び扶養義務者相互間において扶養義務を履行するために給付される金品は非課税所得とされています（所税9①十五）。

　　また、相続税法上、扶養義務者相互間において、生活費又は教育費に充てるためにした贈与により取得した財産のうち、通常必要と認められる財産の価額は贈与税の課税価格に算入しないことになっているため、婚姻費用については、原則、非課税とされます（相税21の3②）。

　(b) 例　外

　　婚姻費用として、非課税とされる財産は生活費又は教育費として必要な都度、直接これらの用に充てるために給付されるものに限るとされているため、生活費

等の名目で取得した財産を預貯金等とした場合には、これに該当しないため贈与税の課税対象となります。

（ウ）　増減があった場合

婚姻費用に増減があった場合の対応は、養育費の場合と同様（ 3 参照）となります。

(2)　婚姻費用が課税される具体的なケースの確認　■■■■■■■■■■

婚姻費用については、原則(1)(イ)(a)のように所得税及び贈与税は課税されないことになっていますが、婚姻費用が関係し課税の問題が発生するケースがあります。それは、相続時における、名義預金等の取扱いのケースです。被相続人の配偶者名義となっている預金等が被相続人の預金等として相続税の課税対象財産とされるようなケースです。

ケーススタディ

【ケース1】

Q　妻及び子名義の預金等は、婚姻費用等の一部が原資になって作られたものであると主張した場合はどうなるか。

A　このようなケースについては、下記のような裁決例があります。

「請求人らは、本件預貯金等のうち、①妻名義のものは、妻が被相続人との婚姻前から保有していた預貯金及び妻固有の収入並びに生活費を節約して貯めたヘソクリを原資として形成されたものである、②子名義のものは、子が両親との同居期間中に子固有の収入から生活費として家計に入れていた金員等を原資として形成されたものである、また、③一部のものについては被相続人から生前に贈与を受けたものである旨主張する。

しかしながら、①本件預貯金等のうち妻及び子名義の郵便貯金の一部については、「郵便貯金メモ」等により被相続人が管理しており、被相続人がその処分権を有していたと認められること、②本件預貯金等のうち①以外の預貯金等についても原資は被相続人が出捐したものであり、その管理も被相続人により行われていたと認められること、③妻の固有収入は本件預貯金等以外の預金に化体しており、本件預貯金等の原資たり得ないこと、④子が固有収入を生活費として家計に入れていた事実を認めるに足る客観的証拠はないこと、⑤生前に贈与を受けたと請求

人らが主張する預貯金等について妻は贈与を受けたことはない旨答述している上、贈与されたと主張する預貯金等の管理運用は被相続人が行っており、贈与の事実は認められないこと等から判断すると本件預貯金等は相続財産であると認めるのが相当であり、請求人らの主張は採用できない。

なお、妻名義の普通預金1口については、原資が不明である上、口座開設時の印鑑届の筆跡も妻であり相続財産とは認められないから、原処分はその一部を取り消すべきである」（国税不服審判所平成19年10月14日裁決、裁決事例集No.74　255頁）

【ケース2】

Q　相続人等の名義となっていた各定期預金が、死亡した相続人の父の相続財産であるか否か及び相続開始前3年以内に被相続人から相続人に贈与されたものであるか否かが争われた場合はどうなるか。

A　以下に掲げる理由により、審判所は相続人名義の預金等について、被相続人の固有のものではないとしました。

「原処分庁は、
① 被相続人とその妻には退職までほぼ同等の収入があったこと。
② 請求人等が金融機関に提出した相続関係届出書に使用した印鑑と預金証書の印鑑が異なること。
③ 本件全定期預金の満期日が同一であること。
④ 金融機関職員の申述によると、被相続人の妻が本件全定期預金の印鑑を所有しており、この妻のみに会って、その指示の下で取引をしていたこと。
⑤ 本件定期預金は、出金されることはほとんどなく、相続人らがその資金を提供したり、あるいはその一部を費消したことを裏付け事実はないこと。
⑥ 相続人の申述によると、被相続人の妻が相続人らの名義を自由に使用し、本件定期預金を全て一体のものとして管理していたことなどから、本件定期預金は贈与前に全て被相続人及びその妻に帰属していた旨主張する。

しかしながら、④及び⑥の事実は、本件全定期預金が全て被相続人の妻に帰属することの根拠にはなり得ても、被相続人に帰属することの根拠とはならないし、⑤の事実は、本件全定期預金が相続人らに帰属するものではないことを推測させる一事情に過ぎず、被相続人に帰属することを推測させる理由とはならない。

また、被相続人とその妻には退職までほぼ同等の収入があったことは、両者にそれぞれ固有の財産形成があったことを推測させる事実ではあるが、そのことのみをもって、本件全定期預金の具体的な帰属を推測することはできない」(国税不服審判所平成13年3月29日裁決、裁決事例集No.61　512頁)

　民法762条では、下記①、②のようにしていますが、税法ではあくまでもその資金の源泉が誰にあったかを客観的、総合的に判断し、真の所有者の財産とします。
①　夫婦の一方が婚姻前から有する財産及び婚姻中自己の名で得た財産は、その特有財産（夫婦の一方が単独で有する財産をいう。）とする。
②　夫婦のいずれに属するか明らかでない財産は、その共有に属するものと推定する。

アドバイス

○「名義預金」と認定されないための注意点

　夫死亡後の相続で、妻名義の預金が相続財産と認定されることがあります。
　妻に多額の現預金があるケースとしては、次のようなケースが考えられます。
①　両親からの相続により現預金を取得した場合
②　結婚後、両親又は夫からの贈与により取得した場合
③　株等の投資で利益があった場合
④　月々の生活費を少しずつ貯めた場合

　上記のようなケースで相続財産と認定されないためには、次のような注意が必要です。

・①のケースでは、両親からの相続により取得した預金等を自分名義の預金としてはっきり区別しておくとともに、遺産分割協議書等のコピーを保存し、原資が分かるようにしておく必要があります。

・②のケースでは、贈与契約書を作成し、必要であれば贈与税の申告をし、贈与の事実を明らかにしておく必要があります。
　また、金銭の授受についても預金通帳を通すなどをし、その管理、運用なども自分自身でしておく事が重要です。

・③のケースでは、株等の運用口座を他の口座と区別し、収支がはっきりわかるようにする必要があります。

・④のケースが一番問題になるケースですが、専業主婦が夫からもらった生活費の中から貯蓄等した場合は、その原資を考えると相続財産といわざるを得ません。生活費の一部と自分のお金を合わせて貯蓄したということになると判断は難しくなりますが、名義預金の場合、その原資は、誰のものだったのかが判断基準になりますので、しっかり区別しておく必要があります。

附　錄

養育費・婚姻費用算定表

○　この算定表は，東京・大阪の裁判官の共同研究の結果，作成されたものです。
○　現在，東京・大阪家庭裁判所では，この算定表が，参考資料として，広く活用されています。
○　使い方は，次のとおりです。

【算定表の使い方】

1　算定表の種類
　〈養育費〉
　　子の人数（1～3人）と年齢（0～14歳と15～19歳の2区分）に応じて表1～9に分かれています。
　〈婚姻費用〉
　　夫婦のみの場合並びに子の人数（1～3人）及び年齢（0～14歳と15～19歳の2区分）に応じて表10～19に分かれています。
2　算定表の使用手順
　ア　どの表も，縦軸は養育費又は婚姻費用を支払う側（義務者）の年収，横軸は支払を受ける側（権利者：未成年の子がいる場合には，子を引き取って育てている親）の年収を示しています。縦軸の左欄と横軸の下欄の年収は，給与所得者の年収を，縦軸の右欄と横軸の上欄の年収は，自営業者の年収を示しています。
　イ　年収の求め方
　　　義務者と権利者の年収を求めます。
　　①　給与所得者の場合
　　　　源泉徴収票の「支払金額」（控除されていない金額）が年収に当たります。なお，給与明細書による場合には，それが月額にすぎず，歩合給が多い場合などにはその変動が大きく，賞与・一時金が含まれていないことに留意する必要があります。
　　　　他に確定申告していない収入がある場合には，その収入額を支払金額に加算して給与所得として計算してください．
　　②　自営業者の場合
　　　　確定申告書の「課税される所得金額」が年収に当たります。なお「課税される所得金額」は，税法上，種々の観点から控除がされた結果であり，実際に支出されていない費用（例えば，基礎控除，青色申告控除，支払がされていない専従者給与など）を「課税される所得金額」に加算して年収を定めることになります。
　　③　児童扶養手当等について
　　　　児童扶養手当や児童手当は子のための社会保障給付ですから，権利者の年収に含め

る必要はありません。

　ウ　子の人数と年齢に従って使用する表を選択し，その表の権利者及び義務者の収入欄を給与所得者か自営業者かの区別に従って選び出します。縦軸で義務者の年収額を探し，そこから右方向に線をのばし，横軸で権利者の年収額を探して上に線をのばします。この二つの線が交差する欄の金額が，義務者が負担すべき養育費の標準的な月額を示しています。

　　　養育費の表は，養育費の額を養育費を支払う親の年収額が少ない場合は１万円，それ以外の場合は２万円の幅をもたせてあります。婚姻費用の表は，分担額を１万円から２万円の幅をもたせてあります。

３　子１人当たりの額の求め方

　　子が複数の場合，それぞれの子ごとに養育費額を求めることができます。それは，算定表上の養育費額を，子の指数（親を１００とした場合の子に充てられるべき生活費の割合で，統計数値等から標準化したものです。子の指数は０～１４歳の場合には５５，１５～１９歳の場合には９０となっております。）で按分することで求められます。例えば，子が２人おり，１人の子が１０歳，もう１人の子が１５歳の場合において，養育費の全額が５万円の場合には，１０歳の子について２万円（５万円×５５÷（５５＋９０）），１５歳の子について３万円　（５万円×９０÷（５５＋９０））となります。

４　注意事項

　ア　この算定表は，あくまで標準的な養育費及び婚姻費用を簡易迅速に算定することを目的としています。最終的な金額については，いろいろな事情を考慮して当事者の合意で自由に定めることができます。しかし，いろいろな事情といっても，通常の範囲のものは標準化するに当たって算定表の金額の幅の中で既に考慮されていますので，この幅を超えるような金額の算定を要するのは，算定表によることが著しく不公平となるような，特別な事情がある場合に限られます。

　イ　また，この算定表の金額は，裁判所が標準的なケースについて養育費及び婚姻費用を試算する場合の金額とも一致すると考えられますが，特別な事情の有無等により，裁判所の判断が算定表に示された金額と常に一致するわけではありません。

５　使用例

　〈養育費〉

　　権利者が７歳と１０歳の子を養育しており，単身の義務者に対して子の養育費を求める場合の例について説明します。

　　・　権利者は給与所得者であり，前年度の源泉徴収票上の支払金額は，２０２万８０００円でした。

　　・　義務者は給与所得者であり，前年度の源泉徴収票上の支払金額は，７１５万２０００円でした。

　ア　権利者の子は，２人で７歳と１０歳ですから，養育費の９枚の表の中から，表３「子２人表（第１子及び第２子０～１４歳）」を選択します。

イ 権利者の年収。表の横軸上の「給与」の欄には「２００」と「２２５」がありますが，権利者の年収が「２００」に近いことから，「２００」を基準にします。
ウ 義務者の年収。表の縦軸上の「給与」の欄には「７００」と「７２５」がありますが，義務者の年収が「７２５」に近いことから，「７２５」を基準にします。
エ 横軸の「２００」の欄を上にのばした線と，縦軸の「７２５」の欄を右にのばした線の交差する欄は「８～１０万円」の枠内となっています。
オ 標準的な養育費はこの額の枠内にあり，当事者の協議では，その間の額で定めることになります。
カ 仮に８万円とした場合には，子１人当たりの額は，子２人の年齢がいずれも０から１４歳であるので，指数は５５であり同じですから，２分の１の各４万円となります。

〈婚姻費用〉
　権利者が，別居した義務者に対して婚姻費用を求める場合の例について説明します。
・ 権利者は給与所得者であり，前年度の源泉徴収票上の支払金額は，２４３万３４５２円でした。
・ 義務者は給与所得者であり，前年度の源泉徴収票上の支払金額は，７３９万４９５８円でした。
ア 権利者には子がいないので，婚姻費用の表の中から，表１０「婚姻費用・夫婦のみの表」を選択します。
イ 権利者の年収。表の横軸上の「給与」の欄には「２２５」と「２５０」がありますが，「２５０」に近いことから，「２５０」を基準にします。
ウ 義務者の年収。表の縦軸上の「給与」の欄には「７２５」と「７５０」がありますが，「７５０」に近いことから，「７５０」を基準にします。
エ 横軸の「２５０」の欄を上にのばした線と，縦軸の「７５０」の欄を右横にのばした線の交点は，「６～８万円」の枠内となっています。
オ 標準的な婚姻費用はこの額の枠内であり，当事者の協議では，その間の額で定めることになります。

（出典：東京家庭裁判所ウェブサイト）

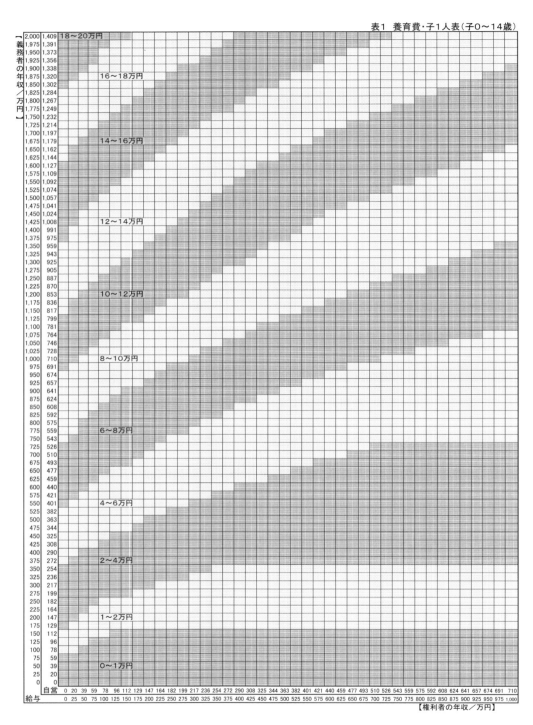

表1　養育費・子1人表（子0〜14歳）

（出典：東京家庭裁判所ウェブサイト）

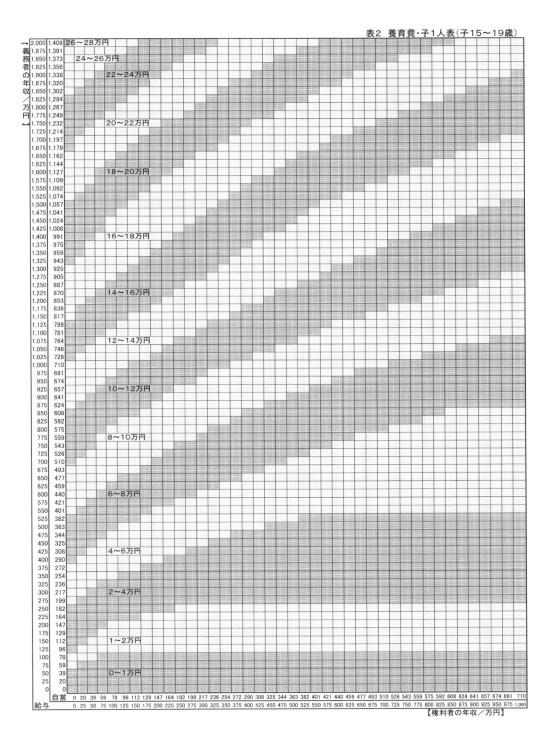

表2 養育費・子1人表(子15～19歳)

(出典:東京家庭裁判所ウェブサイト)

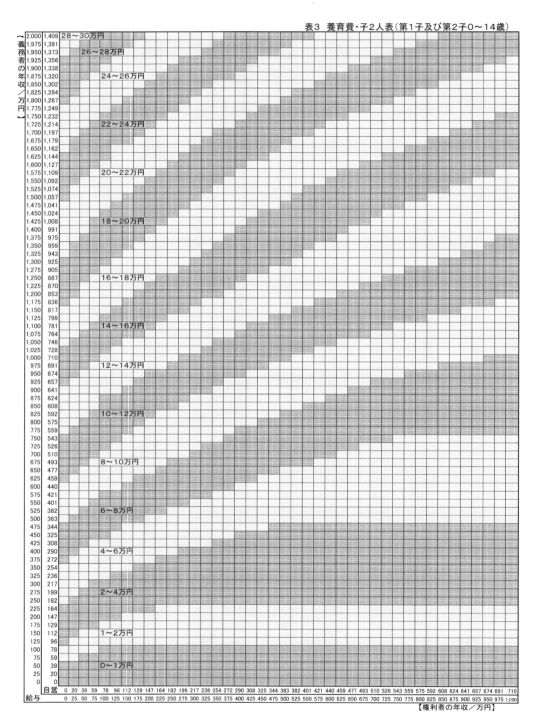

(出典：東京家庭裁判所ウェブサイト)

附　録

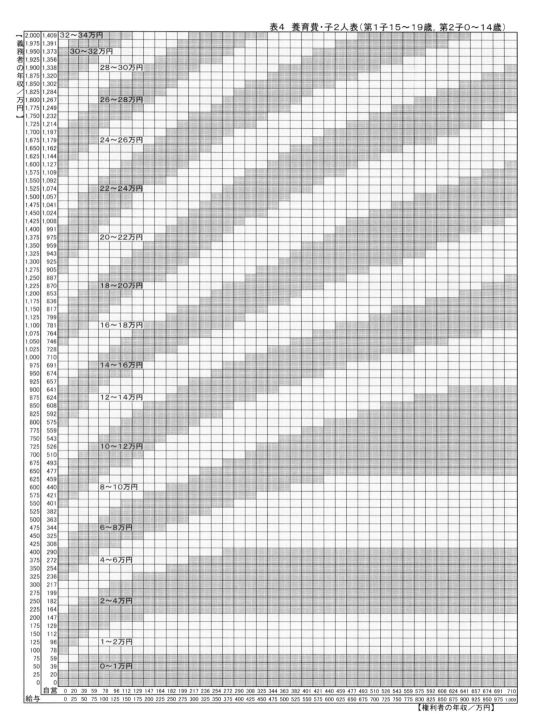

表4　養育費・子2人表（第1子15～19歳，第2子0～14歳）

（出典：東京家庭裁判所ウェブサイト）

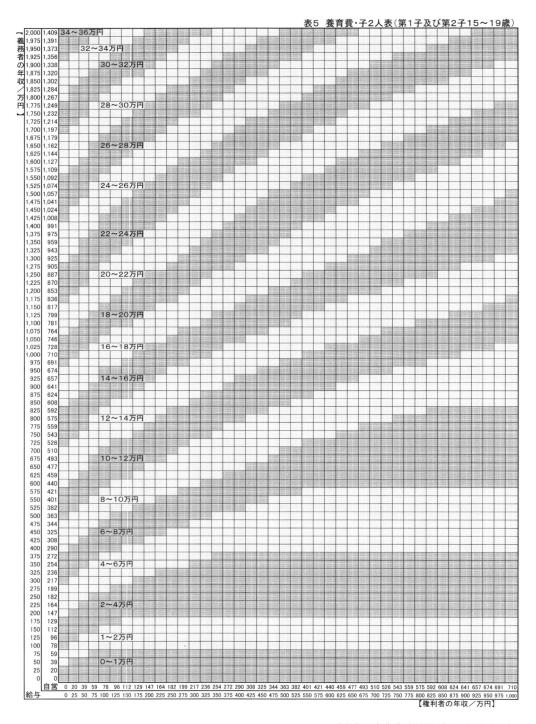

(出典：東京家庭裁判所ウェブサイト)

附録 213

表6 養育費子3人表（第1子，第2子及び第3子0〜14歳）

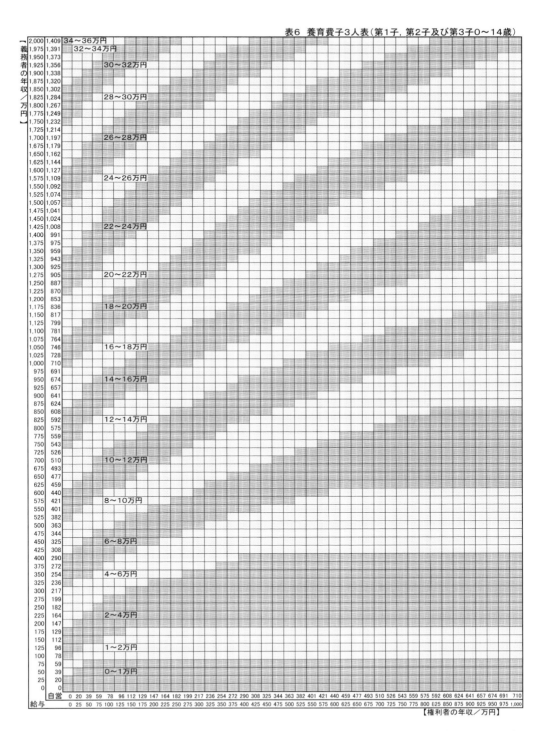

（出典：東京家庭裁判所ウェブサイト）

附　録　214

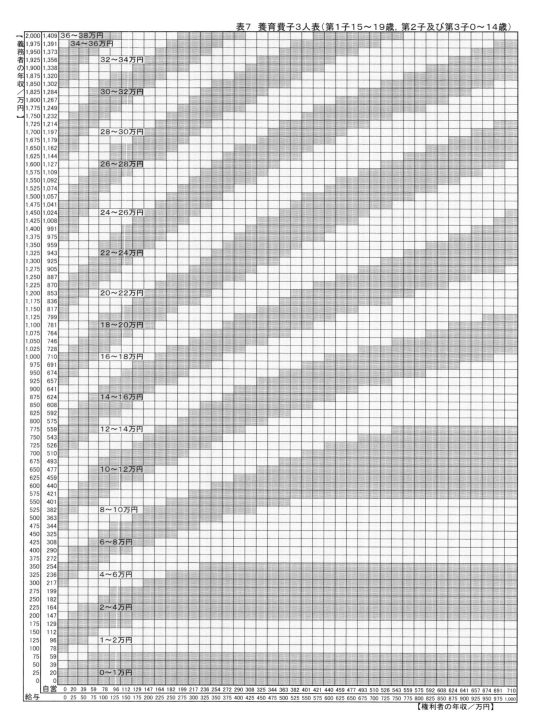

表7　養育費子3人表（第1子15〜19歳，第2子及び第3子0〜14歳）

（出典：東京家庭裁判所ウェブサイト）

附　録　215

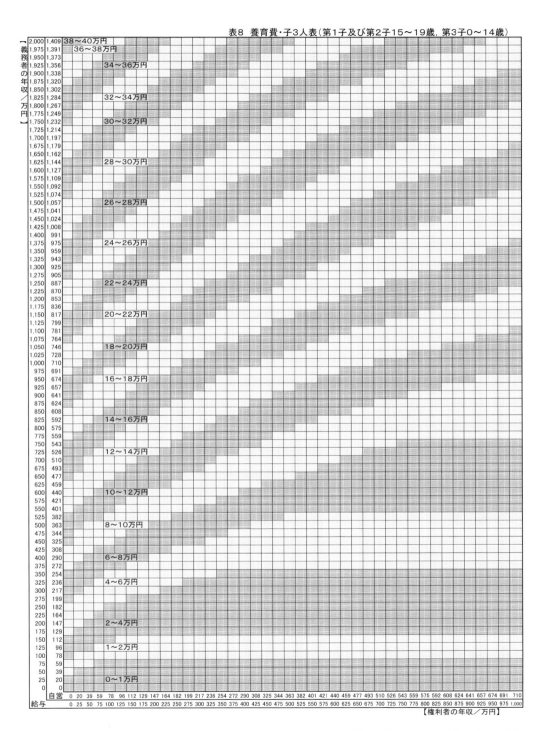

(出典：東京家庭裁判所ウェブサイト)

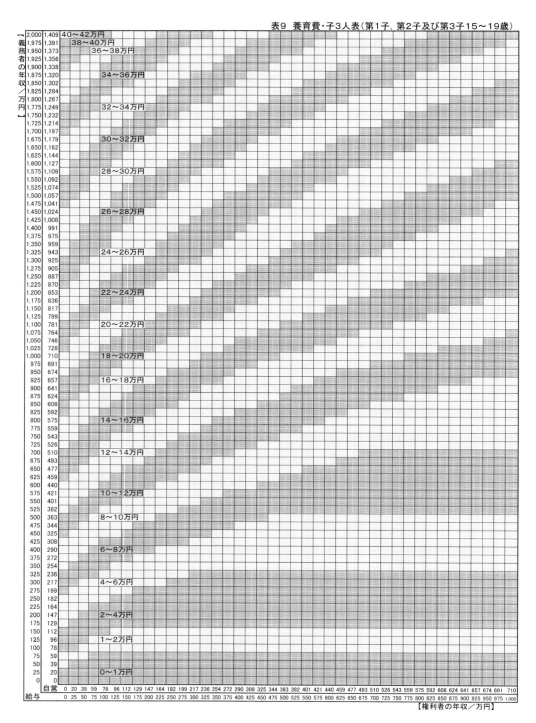

(出典：東京家庭裁判所ウェブサイト)

附　録　　217

表10　婚姻費用・夫婦のみの表

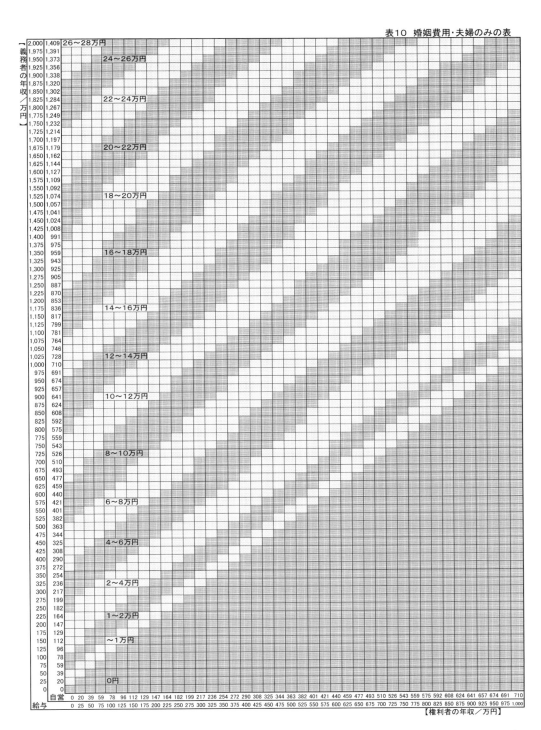

（出典：東京家庭裁判所ウェブサイト）

表11 婚姻費用・子1人表(子0〜14歳)

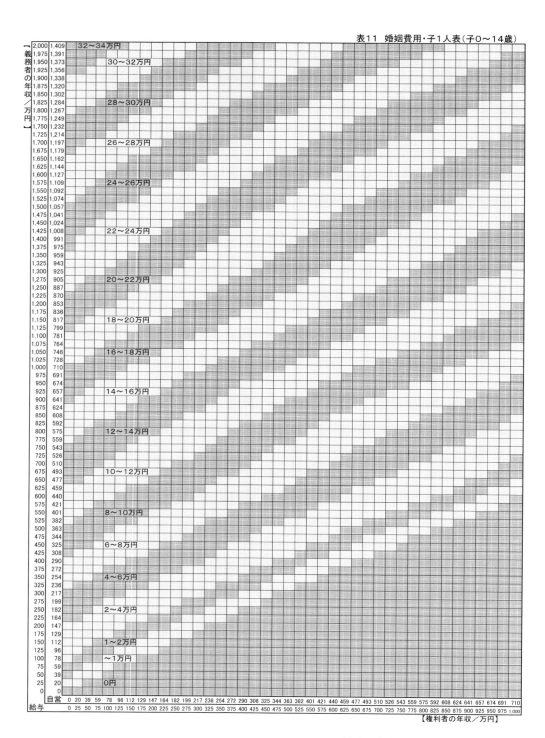

(出典:東京家庭裁判所ウェブサイト)

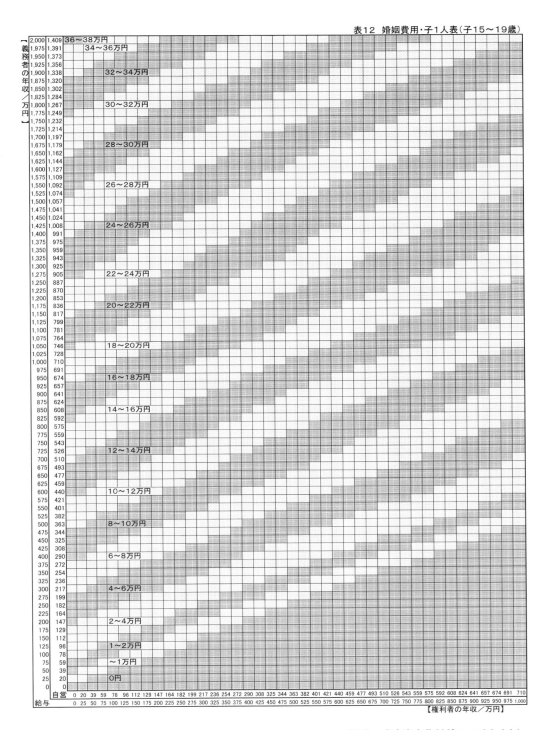

附録 220

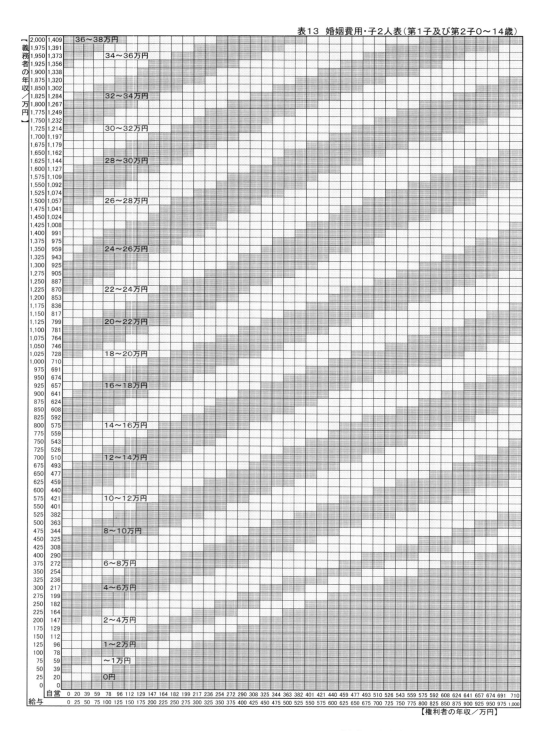

(出典：東京家庭裁判所ウェブサイト)

附　録

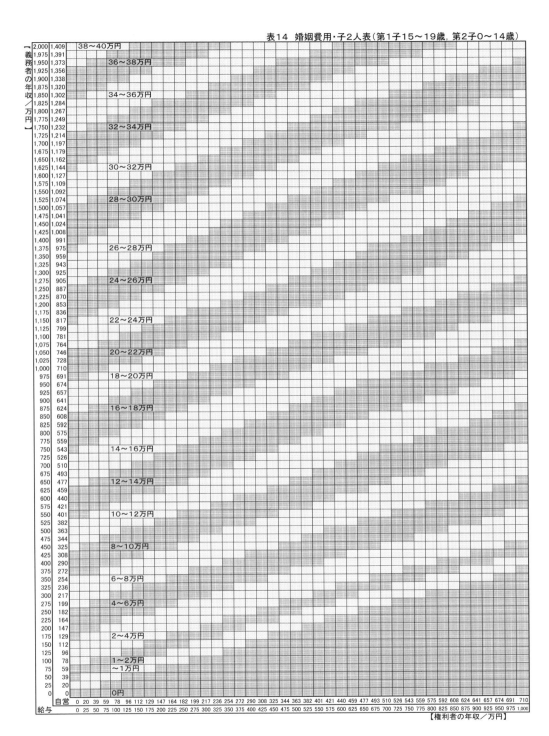

(出典：東京家庭裁判所ウェブサイト)

222 附録

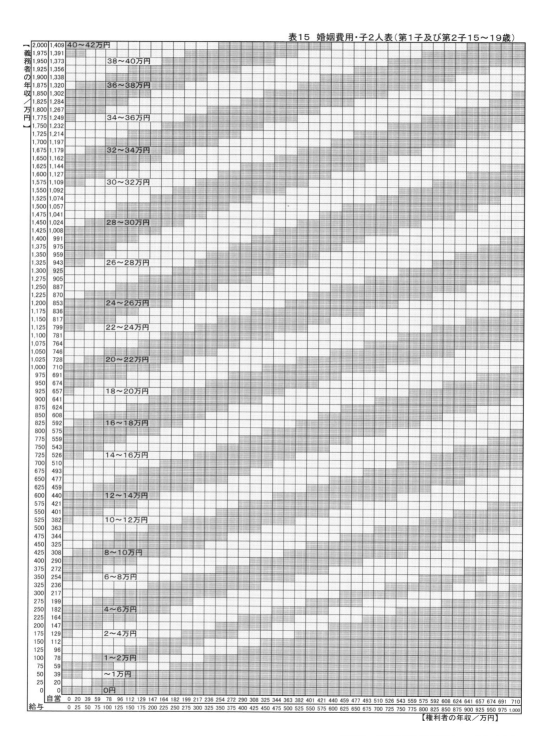

(出典：東京家庭裁判所ウェブサイト)

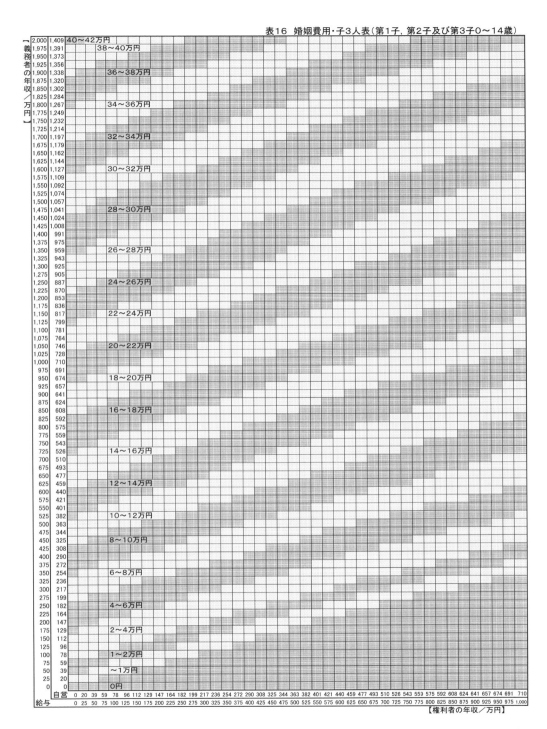

表16 婚姻費用・子3人表（第1子，第2子及び第3子0〜14歳）

（出典：東京家庭裁判所ウェブサイト）

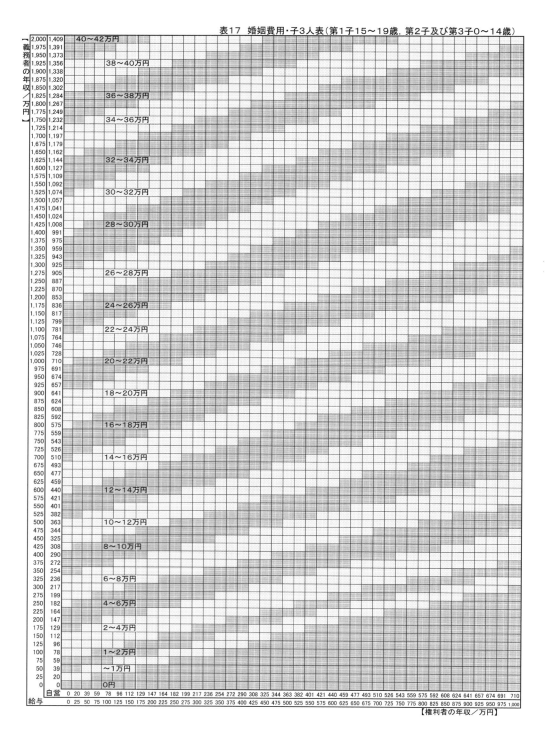

(出典：東京家庭裁判所ウェブサイト)

附　録

表18　婚姻費用・子3人表（第1子及び第2子15～19歳，第3子0～14歳）

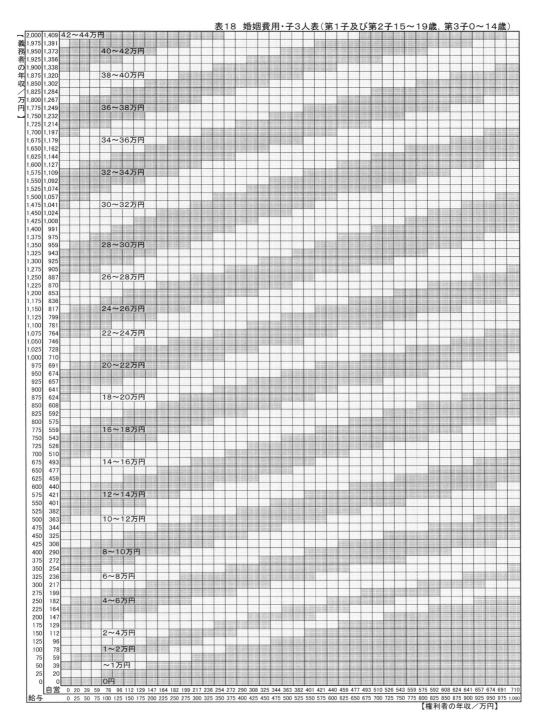

（出典：東京家庭裁判所ウェブサイト）

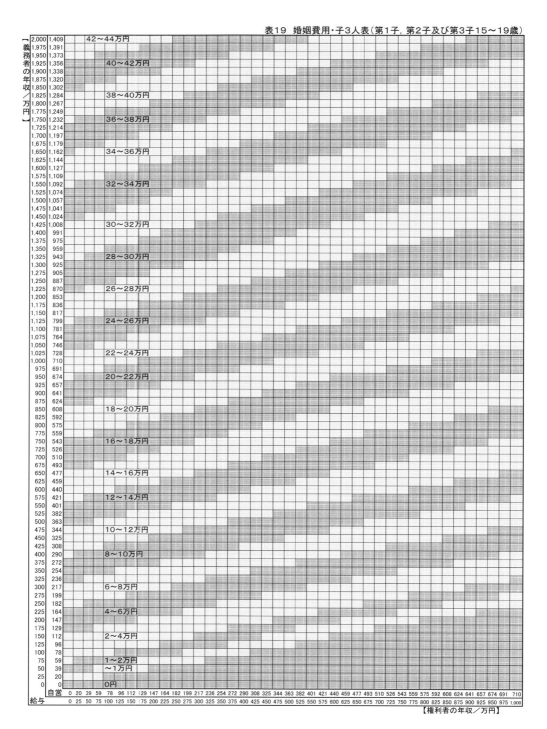

表19 婚姻費用・子3人表（第1子，第2子及び第3子15〜19歳）

（出典：東京家庭裁判所ウェブサイト）

```
養育費・扶養料・婚姻費用
実務処理マニュアル
```

平成30年4月5日　初版発行

編著　冨　永　忠　祐
発行者　新日本法規出版株式会社
代表者　服　部　昭　三

発行所	新日本法規出版株式会社
本　社 総轄本部	（460-8455）名古屋市中区栄1－23－20 電話　代表　052(211)1525
東京本社	（162-8407）東京都新宿区市谷砂土原町2－6 電話　代表　03(3269)2220
支　社	札幌・仙台・東京・関東・名古屋・大阪・広島 高松・福岡
ホームページ	http://www.sn-hoki.co.jp/

※本書の無断転載・複製は、著作権法上の例外を除き禁じられています。
※落丁・乱丁本はお取替えします。
5100009　養育費処理　　ISBN978-4-7882-8376-3
©冨永忠祐 2018 Printed in Japan